中國鄉村發現

2012年·秋之号

主　　编：黄建国　朱有志
执行主编：陈文胜
刊名题字：文选德

红旗出版社

主办单位：**湖南省农村发展研究院**　湖南省社会科学院
湖南省新农村建设促进会　湖南省新农村建设研究基地
出版单位：红旗出版社
副 主 编：王文强　陆福兴　刘亚平（特邀）
通讯地址：湖南省长沙市开福区浏河村巷37号　　邮　　编：410003
网　　址：http://www.zgxcfx.com　　投稿邮箱：zhgxcfx@163.com

开卷评语

《中国乡村发现》立足中国乡村现实，发现乡村问题，探求乡村出路，构建了一个多视角透视、多层次互动的研究平台，是研究中国农村问题值得关注的读物。

中国人民大学农业与农村发展学院院长　温铁军

《中国乡村发现》立足推进三农理论进农家，致力三农实践促决策；传递高层政策精神，维护基层话语权益；奉行想说就说宗旨，打造雅俗共赏平台，是一本深受三农各界欢迎的好书。

中国乡村规划设计院院长　李昌平

《中国乡村发现》是一本散发着浓烈乡土味的书。源于乡土，立于乡土。热情而不失理性，挚爱而不失冷静。内容丰富，视野开阔，兼顾历史与现实。希望能越办越好！

中央财经大学社会发展学院教授　李远行

《中国乡村发现》关注农村进步和农业发展，反映乡村动态和农民呼声，探索农村问题和对策思路，努力成为党委政府决策的参谋、农业农村发展的向导、基层干部和农民群众的朋友。

中央党校研究室副主任、研究员　曾业松

《中国乡村发现》以人为本、以农为重，是培育后现代新型农人的摇篮！

美国中美后现代发展研究院常务副院长　王治河

《中国乡村发现》立足于解决我国三农问题的研究，定位于建设一个研究中国农业农村发展的互动平台，放眼于在关注中推动我国农村社会经济的全面发展。通过大量的实地调研和访谈，对中国乡村的经济、社会、文化和社区建设有深刻剖析和研究，提出解决我国三农问题的一些观点和政策建议具有较强的指导性、针对性、实践性和可操作性。对推动我国农业农村发展和新农村建设产生了重要的作用。

中国农业科学院农业经济与发展研究所研究室主任　蒋和平

《中国乡村发现》展示有识人士之识，凝聚关心三农人士之心。举例鲜活、文风质朴、影响日增、可喜可贺。

华东理工大学中国城乡发展研究中心主任、副教授　熊万胜

我做理论研究工作后，我的中学恩师曾经转述别人的一段话作为对我的要求：假如你的母亲是文盲，而你写的文章能让她听懂，那就说明你的文章功夫到家了。此后，写能让文盲听懂的文章就是我的理想。《中国乡村发现》在很大程度上满足了我的这个心理需求，所以我喜欢她，支持她，希望她越办越好！

安徽大学中国三农问题研究中心副主任兼秘书长　张德元

《中国乡村发现》应办成中国亿万农民喜闻乐见的读物。为此，身为研究“三农”问题的专家学者，必须撰写农民看得懂的文章，运用农民听得懂的语言，代表农民心底的迫切愿望，反映农民农村的真实情况。这才是《中国乡村发现》的生命力之所在。

陕西省社会科学院宝鸡分院副教授　赵海林

《中国乡村发现》反映了农村治理的真实现状，提炼了三农研究的前沿理论。与此同时，她也是农民兄弟的心声表白，是乡村干部的良师益友，是三农问题研究爱好者的成长园地。

湖南省郴州市北湖区鲁塘镇政府　李万忠

《中国乡村发现》有看头，很适合农村口味，是农民朋友、乡镇工作者的良师益友。希望《中国乡村发现》越办越好，成为乡村可读的、必看的读物。

江西遂川县草林镇文化站　谢九玲

目　录

当前农业农村改革发展面临的形势与选择

■ 张红宇

在国内经济增长放缓和世界经济复苏步履蹒跚的大背景下，尽管今年夏粮丰收和小麦实现“九连增”、上半年农民收入继续有所增长，但综合分析目前的种种迹象，下半年乃至明后两年农业农村改革发展都可能面临更加严峻的形势，特别是一些问题值得高度关注，应及早谋划应对之策。

一、农业生产稳定发展和保障供给的压力明显增大

我国农业生产的持续稳定发展有力地支撑了国民经济的高速增长，特别是2004年以来的粮食连续增产，更是为国民经济发展及应对复杂多变的国际环境提供了坚实的物质基础。另一方面，国民经济的增长特别是国家财力的持续大幅增加，也使各级政府有可能和有能力不断加大强农惠农的政策扶持力度。在粮食总产“八连增”的背后，可以清晰地看到以连续九个中央一号文件为主线的一系列强农惠农政策的基本脉络。此外更应看到的是：国民经济持续多年的高速增长也在不断扩张农产品的消费需求（包括总量、结构和质量等多方面），使我国的农产品供给在增加总量、优化结构、改善品种、提升质量、降低成本、提高效益等诸多方面持续承受着巨大的压力。同时，这也使得我国耕地和水资源短缺、农业基础薄弱等矛盾愈发凸显。在我国粮食供求总体上处于紧平衡的基本格局下，今年以来的国民经济增速放缓及世界经济复苏的乏力，表面上看似乎有助于缓解国内农产品供求紧张的局面，实则不然，反而是使国内农业生产面临更为严重和复杂的形势，农业稳定发展和保障农产品供给的压力明显增大，面临的挑战更为严峻。

首先，国内经济增长放缓可能会抑制农产品消费需求的强劲扩张。今年1~5月三种粮食价格同比的涨幅逐月回落，分别为8.3%、7%、6.1%、5.8%和5.6%；环比是1月份持平，其他各月微涨0.7%以下。主要农产品5月份的价格情况是：早籼稻、晚籼稻和粳稻的收购价分别为每斤1.27元、1.35元和1.45元，尽管同比

分别上涨13.3%、10.4%和1.1%，但环比均持平；郑州粮食批发市场普通小麦的价格为每斤1.08元，环比涨0.9%，同比涨4%（优质小麦每斤1.26元，环比跌1.8%，同比涨1.7%）；玉米产区平均批发价为每斤1.14元，环比持平，同比涨7.9%（销区平均批发价每斤1.3元，环比涨0.8%，同比涨10.3%）；328级的棉花每吨19086元，环比降1.6%，同比降23.8%；湖北地区油菜籽进厂价每斤2.35元，环比持平，同比涨3.6%；国内食糖均价为每吨6480元，环比降1.6%，同比降7.5%；猪肉价格为23.42元，环比降3.9%，同比降2.3%。这样的农产品价格走势固然有利于消费者，但对生产成本已经上升的种养业生产者而言，则意味着生产效益的下降。如果价格稳不住甚至出现下跌，将必然会影响农民发展生产的积极性。由此明年的种植业生产能否稳定发展就有了明显的不确定性。至于生猪等养殖业生产近年来更是一直也没有走出价格与生产大起大落的循环，截至5月的第4周猪肉价格已是连续17周下滑，其对今后一个时期生猪生产的影响可想而知。

其次，今年以来农产品进口快速增长对国内生产发展的影响不可低估。1~4月份，我国农产品进出口总额为546.6亿美元，同比增长17.7%。其中：出口194.8亿美元，同比增长3.3%；进口351.8亿美元，同比增长27.6%。贸易逆差157亿美元，同比扩大80.3%。从具体产品的进口量看，谷物进口484.9万吨（小麦141.8万吨，玉米176万吨，稻谷和大米54.5万吨，大麦109.6万吨），同比增长402.9%；棉花进口215.2万吨，同比增长86.2%；食糖进口81万吨，同比增长242.2%；食用油籽进口1939.3万吨，同比增长26.5%（其中大豆进口1814.9万吨、同比增长22.3%，油菜籽进口106.5万吨，同比增长308.8%）；食用植物油进口263万吨，同比增长22.3%。应当说农产品进口大幅增加主要不是国内消费需求的增长所致，而是受全球经济增长乏力等因素影响，世界农产品供求相对宽松，其价格不仅明显低于国内同类产品，而且还存在较大的下行压力。这使得国内企业增加进口有利可图。应当看到，在当前的世界经济形势下，我国增加农产品进口，一方面对平衡世界农产品供需有积极意义，另一方面对缓解国内供求矛盾也是有帮助的。需要警惕的不是采取措施抑制进口，而是密切跟踪国内和国际农产品供求形势的变化，积极地进行有效调控，防止其对国内市场价格的冲击，努力保持国内农产品价格的基本稳定。农产品进口快速增长对国内生产是否产生影响及影响程度如何，关键取决于政府的调控是否得当。

此外，如何确保农产品质量安全，是当前和今后一个时期保障农产品有效供给的重要方面。前几年三聚氰胺事件的教训不可谓不深刻，但近年来各种各类的与农产品质量有关的安全事件仍屡屡出现。这在很大程度上表明：现阶段我国正处在农产品质量安全事件的高发期。加强农产品质量安全监管固然重要，但如果没有保障农产品市场化运行的健全的体制机制，如果不能真正实现农产品的优质优价，如果农产品产业链上各相关经济主体的利益格局不均衡，恐怕再严格的监管也难管住和管好农产品的质量安全问题。在当前国际农产品价格下行压力大、国内农产品的价格走势还不十分明朗的情况下，更需要通盘考虑从根本上解决农产品质量问题的治本之策。

为应对业已显现而且有可能进一步增大的农业生产稳定发展和保障农产品有效供给的压力，一是密切跟踪国内国际农产品的供求和价格变化，千方百计保持国内农产品价格的基本稳定。要释放出积极的价格信号，综合运用最低收购价、临时收储、政府储备的吞吐调节等调控手段，把握好进出口的时机和节奏，切实加强和改善政府对各类农产品的宏观调控，防止和尽力避免农产品生产和价格的大起大落。二是抓住农产品供求相对宽松的有利时机，着力加强农业综合生产能力建设。要积极采取措施落实去年和今年的中央一号文件要求，实实在在地把加强农田水利建设和推进农业科技进步落实到“田间地头”、落实到农业再生产的各个环节。三是保持对农业生产、流通和加工等政策扶持力度不断加大的势头，继续强化对农业诸产业持续稳定和健康发展的引导与支持。要进一步强化“四补贴”政策，进一步推进农产品流通的市场化改革和现代物流建设，进一步引导扶持农业产业化发展和帮助龙头企业真正做大做强。四是对农产品质量安全问题要实行“两手抓、两手都要硬”。一手抓制度建设，重点是健全完善农业市场化运行的体制机制，确立规范、有序和透明的“游戏规则”；一手抓加强监管，从重从快和公平公正公开地查处各类农产品质量安全事件。

二、农民收入持续较快增长的势头有可能出现逆转

农民收入与国民收入的增长具有高度相关和一致性：只有国民经济保持一

定增速，农民收入才有快速增长的基础。今年以来的经济增速放缓对农民增收的影响已初现端倪。据全国农村固定观察点调查，上半年农民人均现金收入增幅虽也达到了13.8%的较高水平，但增幅同比则下降了8.6个百分点。若经济增速放缓的趋势进一步延续和扩大，对农民增收的影响还将从多方面显现：

首先，经济增速放缓潜在威胁最大的是农民务工收入 非农收入快速增长是改革开放以来农民收入构成中变化最为显著的一个部分，这也是国民经济三个产业部门此消彼长的必然结果。2004~2011年，农民的工资性收入从998.5元增加到2963元，对增收的贡献高达48.6%，占农民收入的比重也由34%提高到了42.5%。然而，由于我国农村劳动力的"候鸟"型流动模式，使农民工资性收入的增长具有高度脆弱性。目前，我国农民工数量已达2.53亿人，其中在制造业、建筑业、服务业和批发零售业就业的比重达76%，很大部分处于非正式就业状态，普遍面临就业稳定性差、受外部影响较大的问题。2008年下半年后，受金融危机影响就有2000万农民工因找不到工作而返乡。据全国农村固定观察点调查，今年上半年农村外出就业劳动力规模同比增加2.7%，增幅同比下降1.6个百分点；农民工月工资同比增长19%，增速提高3.4个百分点，经济增速放缓对农民工就业的影响开始出现但尚不明显。但受出口增速大幅跌落、生产成本持续上升影响，作为吸纳农民工就业主体的中小企业开始出现了经营困难，上半年全国农村固定观察点农户的工资性收入增幅同比已下降4个百分点。若经济增速放缓的趋势进一步延续和蔓延，农民工的就业首当其冲，势必对增收速度造成较大影响。

其次，经济增速放缓影响最直接的是农产品出售收入 如果说经济增速放缓对农民务工收入的影响尚不显著，那么对务农收入的威胁已经开始显现。到2011年，我国农民来自家庭经营的收入依然占46.2%，其中大部分是第一产业收入，农业依然是农民收入的首要来源。近期的国内外主要农产品价格的跌多涨少，对农民家庭经营收入的影响已经显现，上半年全国农村固定观察点农户的人均家庭经营收入的增速只有8.9%，同比大幅下降了12.7个百分点。近期安徽、江苏等地小麦市场价已经持续低于最低收购价，若夏粮大量上市后价格继续下行，必将对农民出售农产品的收入造成较大影响。尤其从历史经验看，我国应对农产品价格上涨的调控手段较多、经验也比较丰富，而面临农产品价格下跌却往往应对乏力。应对务农收益下降对农民增收造成的负面影响，可能已经成为宏观调控的迫切任务。

第三，经济增速放缓还可能影响城乡居民收入差距缩小势头 得益于经济较快增长和政府的积极调节，近两年我国农民收入增速持续超过城市居民，城乡居民收入之比每年缩小0.1，由2009年的3.33∶1下降到了3.13∶1。能否就此确立城乡居民收入差距收敛的趋势，现在正处于一个关键的阶段，而经济增速放缓可能对此造成负面影响。从目前看，务工和务农收入增长乏力直接影响城乡居民收入差距的弥合。如前分析，工资性收入和家庭经营收入尚占农民总收入的90%左右，由于农民工就业的不稳定性和农产品价格形成机制不健全等原因，经济增速放缓对农民这两个方面收入的影响程度均要大于城市居民。从长远看，经济增速放缓还可能影响到国家对农民增收的扶持力度的持续加大。2004年以来，国家不断增加“三农”投入，由此为大幅增加对农民的直接补贴和农村教育、医疗、社会保障事业等的投入创造了条件，使农民人均转移性收入由115.5元增加到563元，占农民收入的比重由3.9%提高到8.1%。若经济增速放缓导致国家财政收入增速下降，势必加大国家大幅增加“三农”投入的难度，农民转移性收入快速增长的态势也会受到遏制。

应该看到，经济增速放缓对农民增收的影响效应正在释放之中，这种影响是否会持续蔓延及其严重程度也具有很大的不确定性。为防止上述可能成为现实，致使农民收入快速增长、城乡居民收入差距开始缩小的势头出现逆转，保持过去两年城乡居民收入差距收敛的好势头，应未雨绸缪积极应对：一是要千方百计确保农民的务农收益不出现大的波动。在稳定增加农资综合直接补贴、良种补贴资金投入的同时，尤其要关注大宗农产品特别是粮食价格的变化。近期夏粮即将大量上市，要对粮食价格下跌有充分的预警，一旦出现价格下跌，要及时启动最低收购价预案，防止出现多米诺骨牌效应致使大宗农产品价格全面走低。确保农产品维持一定的收益水平，农民出售农产品的收入增速不出现较大幅度回落。二是强化对中小企业的政策扶持以扩大农民就业。加大对中小企业的财税、信贷等政策扶持力度，改善中小企业经营环境，加大对农产品加工企业扶持力度，大力发展农村二三产业，促进乡镇企业结构调整和产业优化升级，积极发展休闲农业、乡村旅游和农村服务业等劳动密集型产业。三是强化对农民工的社会管理和公共服务。认真落实国办发〔2011〕9号文件精神，加快放开农民工在中小城市和小城镇落户限制。推进基本公共服务均等化，逐步将农民工纳入城镇公共服务覆盖范围，重点解决农民工最关注的随迁子女教育和住房保障等问题，推进社会保险关系在不同统筹区的转移接续和不同制度间的衔接转换。四是在收入分配格局调整中强化对农民增收的扶持。把大幅度增加农民收入、逐步缩小城乡居民收入差距作为收入分配改革的基本取向，健全完善并不断强化对农民增收的政策扶持。借鉴部分省市出台“农民收入倍增计划”的经验，鼓励各地制定农民增收目标和发展规划，并把增收战略上升到国家层面，强化农民增收的总体规划和宏观战略，积极出台相关政策措施，防止农民收入增长的好势头出现逆转。

三、深化农业农村改革破解发展难题的紧迫性增强

回顾三十多年的历程，每当发展遇到困难甚至出现徘徊时，无不是通过坚定改革信念，深化市场化改革，才确保了国民经济的持续快速发展。目前，农村改革已经进入深水区，农业农村发展面临的一些深层次矛盾和问题已经无法再绕着走，攻坚克难任务艰巨。经济增速放缓，愈发凸显了依靠改革破解发展难题的紧迫性。对宏观经济如此，对农业农村经济也是如此。在当前宏观经济放缓和世界经济复苏乏力的大背景下，农村改革应着力从以下三个方面寻求突破：

首先，要通过明晰产权关系来奠定发展的微观基础 明晰的产权关系和对财产权利的严格保护，是真正确立市场经济体制的基本前提，是市场繁荣和经济发展的重要条件。农村改革的一个基本方向，就是不断扩大和积极保护农民的财产权利，进而奠定发展市场经济的坚实基础。以农户的土地承包权利为例，从“大稳定、小调整”到“三十年不变”再到“长久不变”，经历了持续的“还权赋能”过程。目前，我国农户承包经营耕地12.77亿亩，全国农村集体资产总量达到2万亿元，用好用活这些资产和资源，使其转化为资本，成为“会下蛋和能下蛋的母鸡”，既是发展农业农村经济的需要，也是保护农民和农村集体财产权利的要求。农地制度改革方面，关键是不断扩大和积极保护农民的土地权利。目前的土地制度更多地强调了农地的资源属性，而对资产属性关注不够。农民的承包耕地不能用于抵押，宅基地的流转受到严格限制，农村集体建设用地与

国有建设用地“同地不同权”，而农地转用增值收益中农户所获比例过小，农村土地的资产价值远未发挥出来。集体资产产权制度方面，关键要通过明晰产权来为农民创造更多的财产收益。大量的农村集体资产未能量化到个人，产权不清、权责不明，导致集体资产长期低效运行，未能为农民增收发挥有效作用。到2011年，我国农民的收入来源构成，财产性收入只有229元，所占比重不足3.3%，农村集体资产的财产功能远未有效发挥。这在很大程度上也抑制了农村市场经济的发展。

其次，要通过经营主体创新来培养现代农业“增长极” 人多地少的基本国情决定了农户小规模经营将是我国农业的长期态势。但值得关注的是，随着农村劳动力大量转移和农业比较效益下降，越来越多的农户正在向生计型小农转化——农民兼业化、农业副业化、生产功能弱化，在生产上体现为劳动生产率不断提高而土地产出率徘徊不前，在产品供给上体现为自给有余而提供商品不足。与之相比，种养大户、农民专业合作社和农业企业等新型经营主体的土地产出率、劳动生产率、投入产出率优势明显，在保障产品供给、应对市场风险、推广农业科技等方面的积极作用越来越大，日益成为现代农业建设的新兴力量和生力军。据统计，到2011年底，全国农民专业合作社达到52万家，带动农户4100万户；各类农业产业化组织达到25万个，带动农户1.07亿户；涌现出了一大批专业种养大户。新型经营主体面临的主要制约是经营规模难以扩张，土地稳定流转困难且流转期限短期化。如何在生计小农逐渐增多的情况下推进农业经营主体创新，除了加大政策扶持力度，采取将新增补贴资金向新型经营主体倾斜、涉农建设项目优先委托其承担等政策优惠之外，更为关键是要通过经营制度的改革创新，清晰界定承包经营权的产权边界和加强产权保护，在不损害生计小农利益的前提下，使土地资源向富有效率的新型经营主体集中。

第三，要通过完善服务体系来提供发展的环境条件 如果说产权关系的明确和新型主体的培育需要加快改革创新步伐，那么包括金融、保险和科技等在内的配套服务的完善，也需要通过改革创新来实现。其原因在于，工业与农业、城市与农村具有完全不同的特点，原有基于城市和工业导向的服务体系，难以与农村和农业相兼容。农村金融领域，主要体现为符合农业农村需要的组织不足。国际国内的经验教训都表明，合作金融组织是农村金融体系中不可或缺的部分，但目前的农村金融机构商业化趋势明显，真正的合作金融组织不足。同时，在金融机构的发展上，较多重视外部金融组织的向农村拓展，而对于农民专业合作社开展信用合作以及农村民间金融等内生金融组织的发展不够重视。农业保险方面，主要体现为现有政策性农业保险的覆盖范围和保障水平还远不能适应需要。目前，只有15个农产品纳入中央财政保费补贴范围，一些区域性的重要农产品也还没有相应的风险防范机制，渔业至今还没有中央财政保费补贴。而且现在各保险品种的保额普遍偏低，普遍低于物化成本35%左右。农业科技方面，针对多元化的经营主体需要有多种模式的农业科技服务。普通农户、种养大户和涉农企业对科技服务需求的内容、水平和方式都存在较大差别，而现行农业科技服务的体制不顺、机制不活等问题比较突出，且市场化的多元化服务组织发展比较滞后。

针对当前农村改革亟待突破的加强产权保护和改善金融服务等重大问题，一是建立健全以“三权分离”为特征的农村土地制度。所谓“三权分离”指的是在确保农村土地集体所有的前提下，对土地承包经营权进行适当分解，明确界定为相对独立的承包权与经营权，承包权实行长久不变，经营权可自由流转。加强农村土地确权登记，强化承包权的物权功能，通过承包权来保护农民的土地财产权益；健全土地流转市场，为耕地资源向更有效率的经营主体适当集中创造条件，通过用活经营权提高农地资源配置效率。与此同时，还要逐步放活对农民财产交易的限制，使宅基地使用权、股份化后的集体资产权利等能够有条件流动，让农民有机会和有条件通过财产的交换增加收入。二是建立适应农业农村特点的服务体系。加快创新农村金融组织，积极发展真正意义上的农村合作金融组织，鼓励社会资本和民间资本设立新型农村金融机构，支持农村资金互助组织发展壮大，规范发展民间金融。建立和完善农业保险组织体系，支持发展互助合作保险。扩大政策性农业保险补贴品种和区域，提高保障水平，尽快建立财政支持的巨灾风险防范机制。完善农业科技创新机制，深化农业技术推广体系改革，逐步形成适应多重主体的多元化农业科技创新和推广服务体系。三是发挥农村改革试验区先行先试的作用。在农村改革试验区开展试验试点，是引导各地探索创新的重要形式，是推动农村全局改革的重要抓手，是破解农村改革发展难题的重要途径。要进一步发挥试验区先行先试、风险可控的优势，扎实推进试验区工作，以试验区建设引领农村改革全面推进。

四、统筹城乡步伐加快还是放缓可能成为两难选择

经过这些年的不懈努力，无论是探索建立城乡经济社会发展一体化的体制机制，还是缩小城乡经济社会发展差距的实际进展，都取得了重大突破和重要成果。如加强对外出农民工就业的权益保护，探索建立城乡劳动力平等就业制度，健全和完善农业支持保护体系，加强和改善农村基础设施建设与公共服务，初步建立农村医疗卫生和养老等社会保障制度。综合分析，这些突破和成果的取得主要得益于两个方面：一是市场化改革的不断深化，在诸多方面动摇了城乡"二元"的经济社会结构与制度，统筹城乡发展经济社会发展的理念深入人心；二是在经济持续较快增长的同时，政府调控的"有形之手"使社会资源配置加大了向"三农"的倾斜力度，初步确立了以城带乡、以工补农的新型工农城乡关系。然而，如果经济增速放缓的趋势得以确立和蔓延，很可能对统筹城乡发展的进程构成严重冲击。

首先，从发展的理念看，经济增速放缓有可能影响统筹城乡发展的信心与决心　所谓统筹城乡经济社会发展，就是针对在发展过程中的重城市、轻农村和重工业、轻农业等思想意识与行为倾向，通过深化改革和加快发展来缩小城乡经济社会发展差距，通过加大城乡统筹力度实现城乡经济社会协调和均衡发展。经过持续较快的经济增长，到2011年我国人均GDP达到5414美元，进入了中等偏上收入国家行列。如何防止避免落入"中等收入陷阱"，并顺利跨越"高收入之墙"，当前正处于关键的发展阶段。而一旦经济增速放缓的长期趋势得到确立，必然会增加落入"中等收入陷阱"的危险，这不仅可能会动摇人们对加快统筹城乡经济社会发展的决心与信心，在认识上增强畏难情绪；也可能直接影响到政府及社会力量推进城乡经济社会统筹发展的步伐与力度，在行动上延缓统筹实施。

其次，从发展的条件看，经济增速放缓有可能制约统筹城乡发展投入的持续增长　统筹城乡发展要求调整国民收入分配格局，将大量"真金白金"投向农业农村。在国民经济持续较快发展、蛋糕日益做大的情况下，主要依靠国民收入分配的增量调整来实现加大"三农"投入的目标，比较容易做到。2002~

2011年，我国财政收入从1.89万亿元增加到10.37万亿元，年均增速超过20%，为统筹城乡发展、增加“三农”投入创造了良好条件。2011年，全国财政用于“三农”的支出高达2.93万亿元，其中中央财政用于“三农”的支出超过1万亿元。但在经济增速放缓的情况下，依靠增量调整来增加“三农”投入的空间缩小，要求逐步改变存量结构并形成真正“一体化”的城乡均衡分布格局，这势必涉及利益关系的调整，阻力和难度都比增量调整要大得多。今年1~5月份，全国财政收入52755亿元，增长12.7%，为三年来同期最低水平，增幅同比回落19.3个百分点。若此趋势继续持续下去，势必增加调整国民收入分配结构的难度。

深化改革是解放和发展生产力，加快调整同样也能够促进生产力的发展。与深化改革一样，统筹城乡经济社会发展也如逆水行船不进则退。在经济增速放缓的情况下，尤其要坚定统筹城乡发展的信心和步伐。一是要将农业作为出台经济刺激政策的重要领域。在研究经济刺激政策时，要坚持转变经济发展方式，把投资的重点从工业、城镇转移到农业、农村上来，从“铁公机”转移到农业基础设施和农村社会事业上来。二是要实现国民收入分配格局由增量调整向增量和存量并重调整转变。下决心调整国民收入分配的存量结构，加大财政支出、基本建设投资、社会管理和公共服务等向“三农”倾斜的力度，促进城乡之间的要素合理流动、主体公平竞争和产品平等交换，为国民经济的企稳回升和持续健康发展积累新的能量与动力。

（作者系农业部产业政策与法规司司长）

土地制度与城乡一体化建设

■ 曹锦清

（本文根据作者在湖南省农村发展研究院“省县域发展研究基地”——衡阳县委中心组集中学习会上的讲话录音整理，未经本人审阅。）

一、六十年来土地制度的变革

土地是一个物理属性，无论是城市的土地还是农业的土地，无论是宅地、林地、耕地，我们一眼而知，这就是土地的物理属性，我们能够感觉到、能够看到；但土地制度却看不到，我们没有办法一眼看到土地制度，而正是土地制度的变动引起了一系列的生产方式的变动、分配方式的变动、基层结构的变动，所以六十年来的变化尤其是近三十年的变化，我们要从土地制度入手来考察社会的变动。

土地与土地制度是两个高度关联而又完全不同的概念，我们重点考察的不是土地本身，而是土地制度。土地制度的核心有两点：第一，土地的所有权属于谁。所有权的变动会引起农业经营方式的变动，随后也引起农村分配方式的变动，也引起农村的分化和阶层结构的变动。如果土地从农业使用转为工商业使用，这种土地性质的变动，是谁主导的；第二，在土地从农用转为非农用过程当中它的使用属性降低了，它的土地价值出现了一个巨大的升值空间，怎么会升值的，这些升值是如何被分配的，凭什么被分配，对三十年来的贫富分化造成什么样的影响，今后的城乡一体化建设应从哪里入手。这些问题都是需要从土地与土地制度尤其是土地制度本身来加以理解才能够找到答案的。

近三十年来，最重大的变化即改革开放的真正起点，一般来讲归于十一届三中全会。十一届三中全会是一个政治性的会议，政治路线、经济的经营方式都发生了变动，党的高层领导也发生了变动，思想也变动了，总而言之，政治和思想路线的变动起始于十一届三中全会。但从经济的角度来讲，从经济而引起政治、法律、观念形态的变动来讲，经济属于第一位。所以从经济的变动来讲，我们不能不说改革开放的真正起始点是对土地制度的一次重大变动，这种原来集体所有、集体耕种、集体分配的或者说以队为基础、三级所有的人民公社制度改变为村集体所有、土地由农户来承包的这种制度的重大变动，是理解三十年来变动的一个基本性质。

接下来，简单回顾一下六十几年来土地制度的几次重大变动，每一次变动都引起了中国的生产方式、财富的分配方式、阶层结构的重大变化。

第一次重大变动——土改。1950年启动的全国规模的土改，不包括1950年之前在北方的一些早的解放区启动的土改，依据是《土地法》。按照官方文件的说法，是把具有地赋的土地无偿地分给了不到三亿的农民，也就是分给了无地少地缺地的农民，这是中国历史上的一次重大的土地制度的变动，由这个变动造成了两个变化：①地赋阶级被消灭，这里指的不是肉体上被消灭，而是指作为一个依靠土地地租为生的阶级被消灭了；②延续了几千年的地租制或者地主经济被一种普遍的、广泛的、农户所有的土地所有制所替代，引起了土地的分散、地权的分散、中国农村的整个生产方式和分配方式的重大变动，这种变动原来预期估计要维持十几年，但是实际进行的非常快。

第二次重大变动——1953~1956年，中国又面临一次土地制度的重大变动，即走集体化道路。1956年土地已经转为集体所有，1958年后非常明确地规定土地属于集体所有，这个集体包含三个层次：组为基础、三级所有。这次重大变动针对的是土改后形成的两个问题：①由于土改而引起土地分散、农民之间的竞争，重新产生了土地的分化现象；②面对如此贫困的农村、如此少的农家的农业剩余，如何把全国的、非常少的农业剩余从千家万户中提取出来，用于城市的消费、工业化的原始积累，这个问题怎么解决。20世纪50年代我们凭农业税从农民那里征收到的粮食大概是300多亿斤，那时的农业税率很高，大概是12%~15%之间，因为土地是无偿地分给了农民，所以农民才能够接受较高的农业税。虽然如此，我们国家只能获得300多亿斤粮食，而城市所需、工业化所需的粮食是800亿斤，在20世纪50年代初全国粮食总产量也不过是3000多亿斤，到了1958年才增长到4000亿斤。如果土地分掉了，农民能稍微改善一点自己的生活或吃得好一点了，那么我们就不可能完成城市和工业所需的800亿斤粮食。如何能把粮食从分散的农户那里征收出来，结论就是走合作化的道路，把农民组织起来后，和组织起来的合作化打交道，就有办法把粮食从农民那里征收过来，因此建立了另外一个征收粮食的渠道，名曰“统购统销”，即从农民那里按照国家的低价征收农民的粮食，同时将向农村供应的工业品价格提得很高。这样，农民通过农业税和统购统销为国家的工业化、城市化提供了强大的原始积累，第二次土地制度变动就改变了国家和农民之间对农产品的分配关系。

第三次重大变动——1982年以后规定土地归村集体所有，按照农村组织法的规定，这种集体指的是村委会集体（村集体）。土地归村集体所有，使用权转为农户。虽然三十年来改革开放的总的指导思想是让一部分人先富起来、让一部分地区先富起来，即有差异性的发展战略，但改革开放是以地权的使用权的平均分配为起点的，这是农民唯一能接受的分配制度，于是农民就有了利用土地的权利。同时改革开放也给农民带来了另外一个空间——向工业化进军的空间（这里指的是乡镇集体企业）。作为一个农业大县，衡阳的乡镇集体企业可能起步较晚，成败如何尚不清楚，但沿海一带的农民尤其是长期以来地少人多的地区以及原来城乡结合部的那些农民率先利用了这一空间，从农业转向了工商业，有了一个谋求财富的机会和通道，这样农村的分化并没有表现在土地和土地的产值上，而是表现在进入到工商业的机会上面，开始了逐步的分化。由于中西部地区的乡镇集体企业发展较慢或者发展空间较小，所以这些地方的财政依然过多地依赖于农民和农业的产出。因此，可以看出三十多年来土地承包责任制也发生了一些重要调整（这里指的是1982~2006年），其全称为土地家庭承包责任制，土地负载的责任随着土地转让给农民使用也一并转让给农户和承包者（指的是农业税）；其次还承担着被解体了的公社的那个集体的责任（这里指的是“五统”即“五项统筹”），其中最重要的是农村的九年义务教育的统筹依然由农民来承担，村这一集体由“三项提留”来加以解决，所以称之为“三提五统”。2006年以后官方文件中不再出现“土地家庭承包责任制”、“家庭承包制”或者“土地家庭承包制”，这是土地制度的一次重大变更，国家负载在土地制度上的农民负担被取消了，农民获得了空前的解放，“中国农民交了2600年的皇粮国税终于在2006年被取消”，历史上长期形成的官民之间的矛盾乃至于对抗被彻除了，对于整个官民关系尤其是与农民的关系是一个历史性突破。2004

年提出了“多予少取搞活”、工业反哺农业、城市引领乡村、两元结构问题、破解两元结构难题的问题，后来也提出了城乡一体化建设问题。这是土地制度变动的一个大背景，在十一届三中全会前后又一轮争论在知识界内形成，争论内容是这一土地制度、土地家庭承包制度是否能长久维持下去，争论有三个层面：一是能否在法律上固定下来长久维持不变，二是实际上是否已经发生了很大变动，三是应该如何变动。我不赞成土地私有化，至少在全国农民没有列入到城乡一体化、没有建立起关于农民的保障尤其是养老保障和失业保障的前提下，土地私有化是要闯祸的；小块土地的农民在资本的制约下是无力保护自己的小块土地的，这在土地私有化国家是屡见不鲜，印度就是一个典型例子。

二、土地家庭承包制与农业、农民问题

一个大的背景是三十年改革开放以来，由沿海工业的迅猛发展到中西部的工业化，这个过程把农村的青壮年剩余劳动力在短短的不足二十年的时间内全部的加以吸纳，从来没有想象得到能有如此的迅速。因为土地承包制以后，当时有两个问题是比较令人担忧的，一是土地分掉以后，小规模的、分散的农业经营暂时地激发了农民的生产活力，但能否长久地保证满足城市不断增长的对农产品数量、质量的追求；二是依靠小块土地的农民怎么能富裕，能保证温饱就已经很不错了，因此农民要想用钱就只能在工商业方面想办法，而工商业的发展竟然能把如此庞大的农村剩余劳动力吸纳进去，这一点大家都没有估计到，但却实现了，这在世界历史上是一个奇迹。

一般来讲，工商业的发展破坏了传统农业尤其是传统手工业、种植业、饲养业三位一体的小农业，大量农民会从精耕细作的土地上被土地所逐出，一部分农民被城市中的工商业新增的就业所吸纳，大量农民游离在城乡之间。

在大规模的劳动力从农业、农村转移进入了工商业的大背景下，我们来谈土地制度与农业的关系问题，这里就发生了一个土地流转问题。按照中央的要求，即1982年把土地分掉之后，邓小平同志曾说过这是暂时的，中国农业还是要走集体化道路，但并没有说要走什么样的集体化道路，因为小块土地的分散经营总不是一个良策。地权一旦分散，当大量劳动力进入工商业，土地如何集中进行适度规模经营，这是现代农业的题中之意。所以如何进行土地承包制的

第二次变动是现在要思考和处理的一个问题。第一次是村集体的所有权向农户的承包权变动，第二次就是承包权和经营权的分离。承包者外出打工就会把土地转让给经营者，将来的农村是以在农村的经营农户为主体的适度规模经营、专业经营，在适度和专业的基础之上形成专业的农村经济合作社，并利用合作社与城市的市场进行对接，中央十几年以来一直试图往这方面引导但实际效果并不如人意。

从目前来看，农业的经营模式大概有以下三类。

第一类为兼农模式，在日本兼农分为一兼和二兼，一兼是指以农业为主、工商业打工为辅，收入以农业为主，反之则称为二兼。这种经营模式的好处和缺陷同样十分明显，好处在于：兼营农业有农业收入同时又有工商业收入，有比较稳定的农业收入来抵御工商业当中的就业风险和收入风险，因此为了稳定就会牢牢地掌握这一块承包地不放；另外，当农民的收入由二元构成即农业收入和打工收入两块共同构成时，就使得工资可以下降，农业收入来弥补工业收入的付出。中国就有很低的工资起点和国际上来竞争就业岗位，这是优点同时也可理解为缺点，因为工资太低。兼营农业有两大意义：一是稳定，小农阶层的高度稳定，尤其是农民负担取消后，是中国改革开放稳定的基石；二是可使工资下降。缺陷在于：一是无限分散的土地使农田水利设施的推进非常困难；二是中国耕地很少，自古以来的土地经营是以增加土地产量为主、增加复种指数为主，由于兼农模式完全有可能采取粗放式经营，就减少了复种指数，如果以工商业收入为主，就会减少农业种植面积甚至采取抛荒，就会使土地利用率下降，这在全国各地都有发生，这是一个不争事实。

第二类为经营户农业，俗称为“种粮大户”。要使兼农向经营户农业转移就要求土地的承包权向经营权流转，中央采取的是适度规模经营模式，意思是在人均耕地很少的地方推动类似于美国的大农业，而这只有在黑龙江省原来的农场之处是可行的，全国其他地方一概不可行。大规模农业需要机械工，就可能引起机械工和农业资本家的对立，社会主义国家要尽可能避免这种分化。所谓适度规模，平原不同、丘陵不同，稻谷区不同、麦子区不同。在从承包权向经营权转移的过程中存在一个租金和年限的问题，法律一方面要稳定农民的承包权、不准随意剥夺农民的承包权，另一方面又鼓励农民自愿地有偿地转让承包权、进行农业的适度规模经营。如何从分散的承包权向经营权适度集中也有问题，各地要因地制宜逐步推进，这是现代农业建设的一个很重要的问题。总而言之，在租金、租期问题上，到底应该偏向于承包户还是经营户，我的意思是两方面都要照顾但偏重于经营户，因为经营户在给城市提供粮食、蔬菜以及其他各种农产品。

第三类为资本农业，是指农业民营企业家依赖于资本、投资以获得利润，在地方政府的配合下连片圈占土地。这种模式在全国各地都在不同程度地推行，有的叫做“公司+农户”，由公司统一管理，但由农户分散经营，产品由公司收购，所以其性质是一个大型的农业加工企业，现实中有成功的也有失败的，关键在于该公司的产品有没有稳定的销路，价格好不好。

从中国整个社会主义市场经济的角度来讲，主张走经营户农业道路，走合作农业道路，对资本农业要警觉而非不允许，如何引导兼营农业走上合作农业或者适度规模农业的道路是一个极其繁重的任务。

三、土地制度与工业化、城市化

中国农村的土地大体上可分为四类：耕地、林地、宅地、村已经非农使用的公共用地。后两类的所有权规定为村集体所有，属非农用地，能否用于开发，由村或者联合起来的农民进行开发，这个问题尤其是在城乡结合部十分突出，这两类用地用于商业开发具有巨大的升值空间。最近十几年来，城乡结合部的农民和村发现了这部分土地的价值，形成了一大批所谓的“小产权房”，从法律上来讲没有规定不可以。按照《物权法》规定，农民的宅基地和房子不准买卖和抵押，只允许出租。但如果租期定50年、租金一次付清，那么租金和买卖又有多大的不同，于是利用法律漏洞产生了大量的“小产权房”。农地转为非农使用的升值的问题一直没有得到很好的研究和解决，第一，怎么会升值，原因何在？第二，升值多少和什么有关？第三，升值部分给谁叫做合情合理？1988年《土地管理法》规定“土地的升值部分全部归为国家所有”，为了加快中国进入工业化、城市化以及由政府主导的基础设施建设，指的是公路、铁路、水路、机场、港口、桥梁，为了公共设施的需要征用的土地，以工业化、城市化为中心，以低成本推动为中心，廉价地把农民的农地上的产出给予农民，把土地转为非农使用的升值留给国家。在理论上，农村宅地和村公用土地的非农使用、开发及其升值部分应由全村的农民所享有，但城乡结合部要相当谨慎。

1988年《土地管理法》的立法用意是加快推动中国的工业化、城市化、现代化建设，按照此法规定，对农民的补偿为农地转为非农征用之前的前三年的平均农业产出×最高限额补偿标准的20倍。中国三十年来以政府主导推动基础社会建设是中国工业化、城市化迅速发展的先决条件，这和《土地管理法》也是有关系的。

随着中国的工业化、城市化的发展，要向城郊扩展土地，扩展来的土地有几种用途，一是对被征地农民的住房安置，房换房、地换保；二是用于公共设施建设，指学校、医院、文化体育、政府各部门的大广场的建设，政府大楼太高、用地太多与官民对立有很大关系；三是用于公共基础设施建设，指的是道路建设；四是用于工业批租，一类是用于商业用地批租，一类是用于商品房用地批租，商品房批租要高于商业用地批租。

二十年来中国的工业化、城市化过程中，一方面压低对农民的补偿标准，另一方面抬高商品房的售价，那么谁来为城市化买单呢？有两类人，一类是失地农民，一类是高价购买商品房的人，这种发展模式到现在已经走不通了。对于中西部地区而言，没有工业化就没有城市化，城市化的核心是工业化，是工业的集聚引起了劳动力的集聚、人才的集聚、管理者的集聚，这种集聚引动了人们对住房的需求，引起了地价上涨。所以这种由于工业和商业资本的投入引起的地价上涨的部分到底应该归谁所有呢？法律上对此不置一词，中国这些年来的分化与这种增值部分的分配的关系极其密切。因此，中央要加重对两头的保护，即对失地农民的保护和对购房者的保护，把房子的性质一分为二，把相当一部分的城市用房作为半公共品或公共品，退出其全商品属性，除商品房以外可以建廉租房和公租房，廉租和公租房就具有公共品属性，中央已经明确了这点，在“十二五”规划中作为一个重点突出部分。

四、农业大县的城乡一体化建设

一是继续工业化，有规划的工业化，各乡镇、各村都可以招商引资，落后地区要规划好工业开发区，工业化是城市化的核心，没有工业化而单靠农业的一亩三分地是不行的，同时要注重生态保护，丘陵地区的生态是极其脆弱的，工业化要集中不能分散，可以分散地招商引资、集中地进行管理。

二是不要再对农民进行转移支付了，应学习日本做法，提高粮食收购价格，粮食价格是全部农产品的基准价格，粮价一变百物变，粮食少一点城市恐慌、政治不稳，因此粮食问题一定是个社会问题、政治问题。但目前中央用转移支付这种方式来控制粮食、保证农产品的价格，一旦粮食价格不能控制得住，那么整个国家就很难管理，天下就要出乱子。所以，现在中央还是对种粮大县、对农民进行直补，目前来看这一政策还是有效的，保证农产品对城市的低价供应，保护城市的中级收入阶层，今后还会继续实施这一政策。

至于其他方面的城乡一体化建设，由于工业缺乏、反哺农业的能力很弱，只要把中央支农的款项用好，让农民得到实惠，已经是很不错了。另外，这种农业大县的农村搞城乡一体化建设要注重公共服务、公共品供给的一体化，这里指的是教育、医疗、水路电等方面。

（作者系华东理工大学社会学院教授、博导）

新农村建设与地方经验

——在湖南省农村发展研究院嘉禾县研究基地的讲座报告

周　立

在我国，曾经有几位重要的人物，他们提出的观点影响很大。比如说吴敬琏，主张维护市场规则，有个绰号叫“吴市场”；厉以宁，是我国最早提出股份制改革理论的学者之一，他有个绰号叫“厉股份”；中国人民大学农业与农村发展学院院长温铁军教授，因为一直关注农业农村问题，有个绰号叫“温三农”。此外，在三农学界，还有一位老先生杜润生，他是党内最资深的农村问题专家之一，农村改革重大决策参与者和亲历者，被誉为“中国农村改革之父”，他一直认为“中国最大的问题是农民问题，农民最大的问题是土地问题”。

吴敬琏曾说过，我们以往搞改革的经济学家，为改革政策出谋划策的经济学家，有一个重要问题，就是不懂农村，不懂农民，也就是说不懂“三农”。

温铁军在2005年也说过，中国经济进入一个怪圈，核心就是“三农”问题。事实上，“三农”问题是“上头热，下面冷”。我们需要总体上把中央所说的“全部工作的重中之重”落实到每个单位和每个人的行动中间去，这才有可能化解或者缓解“三农”困境，同时带动国民经济转型，实现中央所提出的目标，那就是全面小康。

今天，我为大家简要介绍一下关于农村建设的一些基本问题，以及结合这几天我已经在嘉禾做过的一些调研，谈一下对嘉禾的感想。

一、农村的市场经济神话

首先，我们提出一个问题，农业可以市场化吗？

农业生产的自然规律，农业生产就是劳动者利用植物、动物作为生命的生活过程，取得人类生存物质资料的一种活动。从这样的说法我们可以看到，农业生产它是经济的再生产与自然再生产交织在一起的过程，所以农业生产不仅要受经济规律的支配，而且要受自然规律支配。

在农业生产和农业劳动当中存在着马克思所说的自然的协作，自然的生产力。农业不可能像工业那样在短时间之内迅速地大规模扩张，农产品的产量往往也会因为不同地区、不同年份的自然条件不同，有丰产欠收的区别。正因为如此，农业生产的发展不只是市场规律社会条件的问题，而同时也是一个自然规律自然条件问题。

仅此一点，就说明农业市场化不能成立。我们国家农业自然条件在全世界来看相对来说并不太好，960万平方公里的土地，真正农业平原只占国土面积的1/8。水是农业的命脉，但是我国水资源十分短缺，而且水资源与耕地资源的匹配也非常不好。南方80%的水资源，但是只拥有耕地30%；北方只拥有20%的水资源，但是它拥有70%的耕地。对于这样一种资源的配置市场完全失灵，它不能控制。

所以，提出来农业要市场化，本身是值得研究的。

农业经济的社会规律

从另外社会经济角度来看，市场化产生的城乡差别如何处置？能不能依靠农业市场化，能不能解决城乡差距。我们知道市场核心要素是资本，资本的天然目的是追逐利润，市场对资源配置起基础作用，总是将市场资源各种要素，尤其是资本要素配置得最能实现利润最大化目标的地方去，这是一个常识。

另外一个常识，相对农村来说，城市有着明显的聚集效应，各种要素在这个地方才能更好地实现自己的利润，因此市场总是将更多的资源，尤其是资本要素配置到城市里面去，而不是首先配置到农村。这正如马克思所说，城市已经表现为人口、生产工具、资本和需求这样一个集

中的事实。而乡村是完全相反的情况，割据和分散。所以市场经济发展的过程，是资源包括资本要素，包括农业资源等等，总是向城市集中的过程。市场经济本身并不能自动地实现城乡统筹发展、平衡工农效益，市场经济不能解决这个问题。

现在普遍的问题，**金融大于市场**，现在衍生金融产品规模是实体经济的22倍（2012年初的最新数据）。**市场大于社会**，在新型工业化中是一种极化的趋势，实际上，均衡是次要的，两极分化趋势大于总的均衡趋势。

和谐社会与新型工业化，新意何在？

工业化过程就是农民农村农业的边缘化过程。城乡差距不但没有缩小，反而进一步拉大。

我国近些年的收入差距，消费差距都已达到了3（现已达到3.34）。2008年，我在广东接受省委的委托做调研，发现广东是分为四个“世界”的。广东的人均收入水平最高的，在世界可以排名第10，比大多数欧洲国家更高，但是最差的古华县，排名倒数20。世界上大多数国家这个比例都低于1.5。于是我们就听到了欧洲一位外交官说“中国的城市像欧洲，中国的农村像非洲”。看市场如何配置资源，在河北定县瞿城村，农民种丁香，原来2元一株，经过两年的种植，变成7角钱一株。山东鱼台姜庄，2005年养猪，建成了合作社，开始赚了些钱，但是几经起伏，没有收益。

因此，我们要市场，但不要市场化

我们可以思考两个问题：农业能否和工业竞争？农村金融能否和工商金融竞争？

实际上，美国是典型的市场经济国家，但它从来不认为它的农业经济就是市场经济。美国的农业集中在几百个大农场，政府补贴扶大不扶小，鼓励农场休耕，每年1/3的土地休耕，补贴休耕。美国的耕地面积是中国的3.1倍，计算草场是中国的3.4倍，可耕地是中国的8倍，人口中国是美国的4倍。美国的农业经济政府干预明显，因此关于农业是市场经济是我们要破除的迷信。

日本的一个研究者提出了对农村的“体制”性剥夺路径，农业与工业之间的间接剥夺，产业经济与经济作物的剪刀差。直接的部分，以农业税的形式上缴（长沙县2002年取消），以义务工的形式上缴，以统购统销的形式上缴。

二、三大要素离开农村

首先我们思考，为什么20世纪80至90年代中期，为何基本上没人提“三农”问题？90年代中期以后，“三农”问题为何变得如此尖锐？

客观因素1：我们有计划时期的红利。农业：大型水利设施与农业投入品，包括化肥、良种、农药等的技术基础；工业：完善的工业体系与技术体系，熟练劳动力的培训与扩散；国防：核威慑力带来的国家安全与稳定、自主的发展环境。

客观因素2：1978年以来的体制转变。1978年底中国人修改了工作安排，改革指向很多问题：优先考虑的重点改变了。新的注意力放在农业和基础设施。在工业企业中，进行了分散决策权的重大尝试。农业将实施重大的变革。改革集中在报酬机制和物质激励重要性的变革方面。

内在原因：三大要素配置在哪儿？土地、资金、劳动力三大要素，90年代中期之后，纷纷流出农村。资金“用脚投票”——“失血症”与“败血症”。从支农主力军——中国农信社的存贷比来看，最好的时期60%的资金用在农村，差的时候30%在农村。大部分的资金用在城市化，各地不太一样，广东有的地方70%用在当地。农信社不能供血，反而承担了抽血的角色。

农民用脚投票——“农民工人”。中国与世界制造业劳工成本比较，与德国相比是43倍的差距，与墨西哥相比仍有4倍差距。中国农民工拿着世界上最低的工酬。民工潮涌，我们有2.12亿农民工，其中1.3亿“离土又离乡”，0.82亿“离土不离乡”。我们有“春运帝国”，春运时达到20亿人次，是全球最大规模的人口迁移。

留在农村的是38619911（意指妇女儿童老人单身者）部队，有很多光棍。现在最新数据中国男性比女性多17%，给地方管理带来难度。

如果算上技术和管理就是五大要素，各地都出现空洞化和治理危机，资金出去了，劳动力出去了，农地就地非农化非粮化，现在我们有的是耕地18亿亩的底线，由紧缩银根，到紧缩地根。

改革开放后市场经济的逐渐发展过程中，农村渐渐地被错误定位为市场经济，最终，出现了资本、劳动力逃离农村，这些长了脚的生产要素，可以“用脚投票”。在巨大的城乡经济发展差异下，作为不动产的农村土地，也像长了脚似的，一步步的“农转非”，变成了城市化和工业化用地。市场经济在农村的扩张，只是将过去的行政抽取机制，转换为市场抽取机制而已。如若不能由农村内生出合适的金融安排，那么，不仅是农村的储蓄资金会被市场金融抽走，连稀薄的产业利润也都会不断地转换为贷款利息，被市场金融抽走。使得孱弱的农村经济，沦为金融资本的依附，延续多年的农村“失血症”，会进一步演化为“败血症”。

说得严重一些，农村经济再也没有复苏的那一天。

农村空洞化与治理危机

现在农村的空洞化包括资金空洞化，劳动力空洞化——农村精英出走与“386199”留守，土地空洞化。在乡村治理中，国家退出农村与条块抽夺，出现乡村干部的虚化，治理真空，乡村前途未卜。因此如果欲支农，工夫在农外，2006年我写了一篇相关的文章，因为时间关系，这个问题就不再多谈。

政府结构转换阵痛与农村工作策略

现在存在的难题——外需转内需。

提拔、选拔（vs选举）的短平快，有个老外的笑话：中国也搞民主，中国的民主，干部是选拨提拔出来，美国是选举出来，所以中国的民主是上面的民主，美国的是下面的民主。一定程度说明困境。我们的人大代表是政治经济文化精英，我们看十届人大河北省代表组成，基本是官商学联谊会，120名代表中，农民代表（镇党委、县人大、个体老板）3人（2.5%）。

其他还存在政绩要求的短平快，结构调整的不可能性，结构矛盾累计等矛盾，因为时间关系也不再多谈。

三、新农村建设经验与嘉禾印象

福建南平经验：政府主导的弥补市场失灵的综合试验

农业的产业特征和正处于工业化、城市化进程的发展环境，与松散的小农户经营交织在一起，导致现代化进程中，劳动力、土地、资金等生产要素普遍流出利润率较低的农业部门，流向能更多实现要素价值的城市部门和二三产业部门，这是世界各国现代化进程中的普遍规律，也是中国各地区工业化与城市化进程中的普遍趋势。由此带来了城乡差距拉大，甚至出现农村部门凋敝，城市虚假繁荣的景象。仅仅听任市场的自由安排，会出现“市场失灵”。作为公共部门的政府，应该反其道而行之，弥补这种“市场失灵”

1999年实行特派员制度之前，南平也出现了三要素流出农村的普遍趋势。［李川《在与国家体改办专家座谈时的讲话》（2002.3）］

政府主导（父爱关怀），政府发挥弥补市场失灵，主导要素注入和回流农村的责任。“高位嫁接、重心下移、互动联动、一体运作”，时任省委书记卢展工2006年如此总结。

“高位嫁接”，就是在起点低、基础差的情况下，发展也不能老跟在人家后面，走人家已经走过的路子，应该一脚踩在高位上，着眼于高起点的发展。比如发展一批上规模、上水平、科技含量高、市场广阔、创新能力强的企业，带动整个经济发展。“重心下移”，就是要更多地去关注实际、深入实际、深入基层，更多地去着眼于老百姓的利益，更多地去考虑项目带动。抓项目也是“重心下移”，所有的工作都有项目，只有抓了项目，我们所有的工作才有可能落实，所有的计划、规划、目标才有可能实现，否则都是空话。因此，市场并非万能，政府有责任，也有能力克服市场失灵。还有一条经验最重要，如果不是市委亲自抓，它也做不下去。党管农村政策是中国共产党的优良传统，南平市的工作体现了党的传统。党不能不管农民、农业、农村。市委抓，组织部建立一个部门管下派干部，才能做得下去。南平这套做法，哪个环节都少不了，缺了就不是南平经验，可能就成功不了。

南平经验存在的问题：受制于单位资源和个人素质能力、部门攀比风气导致下派部门压力增大（尤其是弱势部门）；农民观念改变缓慢（输血为主，造血不足）；出现了腐败、攀比，以及联动机制不足、可持续性不足的问题。更关键的是：领导带着政策走了，卢展工（历任福建省委副书记、省长、省委书记、河南省委书记）；李川（历任市委书记、副省长、省政协副主席）

嘉禾的城乡一体化印象

在嘉禾调研了几天，对嘉禾县城乡一体化有了一些体会。英国霍华德有个“田园城市”（garden city）概念。

嘉禾城乡一体化初步印象：我们去了普满乡，普满的特色是生态农业示范，统分结合，双层经营，外发促内生，内联促外引。这是20世纪80年代我们为农村设立经济制度的核心，如果盲目地学习小岗村，只做了“分”，没有“统”。

普满乡如果能把统和分做好了，可以真正做好农村。在这里外部因素是烟草公司，内部的管理在于农村合作社。

行廊镇是就地城镇化，这里我们可以借鉴蛙跳式的“跳跃式组团”，即欧美卫星城镇——中国小城镇大战略——中西部示范，走出“摊大饼”模式。

坦塘工业园及塘村镇是次中心产业升级的代表，土地增值带来产业带动、物流带动、旅游及生态带动。

因此，嘉禾城乡一体化的**优势在于**：基础条件已经具备，带动产业明显、功能分区初具、次中心基本形成、试点资格已经得到，共识已经达成，政策思路基本成型。**劣势在于**：区位劣势（政府市场经济：官场+市场）。物流成本（制造业产业基础），乡土文化与历史传统障碍，顶层设计与政策、项目与资金配套。

因此，给嘉禾的**初步建议**是：以空间一体化为抓手，就地城镇化，争取在地化生产，在地化消费。用蛙跳式组团思路进行产业布局规划、次中心规划与建设、次中心的中心村建设。其他一体化同步推进，包括经济融合、社会融合和制度融合，这取决于产业布局与就业创造、社会管理创新以及基本公共服务的均等化、普遍化。

说到底，嘉禾城乡一体化，成也政府，败也政府，愿嘉禾县城乡一体化工作一路走好。

（作者系中国人民大学农业与农村发展学院教授）

城乡一体化进程中的县域产业发展

——在湖南省农村发展研究院湘潭县研究基地的讲座报告

■ 刘茂松

2008年下半年美国次级按揭引发的金融危机到现在已经过去三年时间，通过全球各个国家的联手共同治理，目前已经进入经济复苏的后危机时代，经济发展有了一些新的情况、新的矛盾、新的发展趋势。县域发展也是在这个大的背景之下来进行的，因此，县域经济的发展要看整个宏观发展趋势而不能埋头拉车只顾自己，要对县的经济发展、产业发展、城乡统筹做出科学安排。城乡统筹、城乡一体化是后危机时代区域经济发展新模式当中的一个核心问题和非常关键的问题，处理不到位就会影响我们国家在后危机时期转方式、调结构、建设和谐社会。今天主要讲以下三个问题：

一、后危机时代世界经济基本矛盾

目前世界进入了后危机时代。全球经济出现了以**低碳化技术创新为代表的新科技革命和虚拟资本主导向实业资本（产业）主导转化**的发展趋势。

低碳技术的创新主要受制于能源紧缺，全世界2516亿吨的石油可采储量主要分布于中东—北非、中亚—俄罗斯、北美地区，其中中东—北非占到了已探明可采储量的68%。这就是中东地区这些年来为何战事纷争不断的原因，根子还是在于争夺和控制石油这种战略资源。我国已探明的石油可采储量是57亿吨，现已经开采出34亿吨左右，中国作为第二大石油消费国，进口量占50%以上，石油紧缺和价格上涨，目前汽油价格已经破八了，造成工业成本和老百姓生活成本增加，带来了一系列的问题，由此必须节能减排。这样，以低碳技术创新的新一轮科技革命就已经成为一个大趋势，县域产业必须要考虑这个因素，重视低碳化和生态才有前途，涉及到产业布局、产业结构调整、产业选择。

虚拟资本主导向实业产业主导转化也是极为重要的一个大趋势，美国出现金融危机，欧洲出现主权债务危机都与这个问题有关。欧洲出现的主权债务危机可以归纳为三点：一是虚拟化，严重忽视了实体产业；二是高福利化，福利远远高于政府收入；三是政治化，政党斗争，开出高福利支票争取选民。归结为一点就是要着力发展实体经济，要增加就业，增加财政收入，所以光搞虚拟经济不行，必须要转向以实体经济为主。

之所以呈现这两大走向，主要是受需求创造这个基本矛盾的制导。所谓需求创造是指生产商通过其生产活动提供能够激发和满足消费者欲望的产品（含服务）即“满足需要的手段”。需求创造受制于消费者潜在的、多元化的消费欲望，只有大量地更高层次地运用先进的科技知识去创造新产品、新产业和新的消费模式，才能满足消费者的欲望，激发其消费行为，以增加购买，进而带动产业结构的高度化和增加城乡居民就业。只有这样，才能真正增加劳动者的收入，才能提高劳动者的消费水平和支付能力，就能形成一种良性循环。实际上，调结构、转方式就是要进行需求创造。

二、新时期区域经济发展的新模式

目前，整个国家的经济发展处于工业化中期，经济发展的模式以总量增长为主导，结构的调整与升级严重滞后。以湖南为例，湖南“十一五”实现了跨越式发展，经济总量进入全国前十，特别是工业化发展速度，2009、2010、2011三年的工业化贡献率达到了56.1%，第二产业占GDP的比重接近50%。但结构性矛盾比较突出，经济发展质量较低，经济效益不高。2010年湖南人均GDP3576美元，在全国仅排21位，比全国平均水平4382美元少806美元。另外GDP质量全国排位也较低，2011年7月中国科学院对我国GDP质量进行评价，湖南得分0.388，只排在全国的第22位，为全国GDP质量的后十位。这里，经济发展总量前十与经济发展质量的后十，前后相差12位，反差悬殊，尤其是高投入、高能耗、高排放、低效益产业较多，对资源和资本的高投入具有很强的惯性，总量增长模式难以为继，应向基于需求创造的结构创新增长模式转变。

结构创新增长模式的内涵是“围绕现代产业高端发展实行三化”：低碳化、集群化、一体化。在这里，低碳化是立足于低碳技术创新形成“两型”技术体系，发展“两型”产业，其本原是发展战略性新兴产业。所谓战略性就是对整个全局具有决定性影响的产业，新兴产业则必须是立足于低碳技术创新形成的产业。发展战略性新兴产业要突出发挥“三家”的作用：第一是要发挥科学家的作用，要高度重视科学家的技术创新，特别是低碳技术的创新；第二是要发挥风险投资家的作用，技术的孵化和产业化具有很大的不确定性，只靠国家投资是不够的，必须要有风投；第三是要发挥企业经营家的作用，推进高新技术孵化和产业化，把一个一个新产品高质量高效率地做出来，送到消费者的手里。集群化是以产业价值链分工与协作为主体，实现要素的聚集，从而实现生产要素的合理配置，提高劳动效率，降低成本，其结果就是通过产业集群和集聚形成新的经济增长点，推动了城镇化，推动了产业结构的调整升级。对于湖南来说，打造环长株潭大都市区和产业园区，其重点是在做强高端装备制造产业的基础上抓新能源产业、消费品工业和现代服务业的发展。同时以工业化改造传统农业，打造肉制品、米制品、油制品和果制品的农业工业化产业集群。一体化意在打破我国城乡经济社会发展的二元结构，以城乡统筹为主导，构建“城”与“乡”互动发展、城乡双赢为目标的城乡经济社会一体化发展格局，实现城乡生产要素的合理配置，打造工业与农业相互结合的新产业链。充分发挥工业对农业的支持和反哺作用、城市对农村的辐射和带动作用，建立以工促农、以城带乡的长效机制，促进城乡协调发展，才能最终消灭城乡差别，全面解决“三农”问题。

以前经济的快速增长、总量扩张存在一个很大的问题，即立足于对农业农民的剥夺来寻求经济GDP的高速增长，长此以往，这是不可持续的。举个例子，改革开放以前工农产品价格“剪刀差”是6000亿，平均每年155亿，农民以“剪刀差”的形式无偿地为工业、为城市的发展提供原始积累。6000亿相当于1978年国有资产的总和，这就是中国工业化的起步，原始积累就是由这种“剪刀差”提供的。改革开放以后，这个问题没有得到很好的解决。1979~1994年期间，工农产品价格“剪刀差”加农业税（扣除政府的支农支出）达15000亿，平均每年811亿。中国的工业化和城镇化没有“三农”的这种贡献是根本不可能的，然而农业和农村自身由于缺少投资和积累却发展缓慢，技术水平很低，生产生活质量较差，导致城乡差别扩大。因此，结构创新增长模式的一个重要内涵就是一体化，要发挥工业对农业的反哺、支持作用，城市对农村的辐射和带动作用，从政策、制度、产业层面构筑一体化机制，实现双赢。

三、以县域为主导实现城乡一体化

县域经济是国民经济区域结构中的一个十分重要的基础层次，是县层内国民经济各部门、各环节、各层次和运行机制的总和，是整个国民经济的微观缩影和基础。在湖南，它所创造的GDP接近70%，创造的财政占到一半，创造的就业占80%左右，离开了县域经济，整个国民经济是不可能可持续快速发展的。因此，城乡统筹应以“全域湘潭”为理念，构建“三个集中，六个一体化”的城乡经济社会协调发展模式，即推进项目和新兴产业向园区集中、农民向城镇和新型社区集中、土地向规模经营集中，实现城乡规划一体化、城乡基础设施一体化、城乡公共服务一体化、城乡产业发展一体化、城乡生态环境一体化和城乡社会管理一体化，最终消灭城乡差别。这里要特别强调几点：一是城乡一体化以县域为主导，二是全域性的一体化而非少数几个地方的一体化，三是“三个集中”的机制是非常重要的，只有这三个机制建立起来了，才能真正推动“六个一体化”。

从理论和实践的角度分析，推进城乡一体化的关键是城乡产业融合发展，这是一个基础，没有城乡产业的一体化，就不可能有另外五个一体化。马克思在《共产党宣言》中对未来社会构想时写到，“把工业同农业结合起来，促使城乡之间的差别逐步消灭”，从产业角度来说，城乡一体化的决定性力量就是必须要把工业和农业结合起来，实现工业与农业产业的融合发展。马克思还进一步阐述了工业化的农业，也就是工业的技术、资本、人才要进入农业，改造传统的小农经济，并且占领传统自然农业的中断时间进行工业加工，这样工业和农业在空间、时间上实现有机整合，形成农业工业化的现代发展模式。

根据以上的分析，实现城乡一体化，要坚持以下几点：一是立足于县域资源特色，以工业化理念提升现代农业水平，用工业化的生产方式改造传统农业，实现工业与农业的高度综合，发展农业工业化，打造专业化基地农业、标准化品牌农业和工厂化制成品农业，构建工农融合、联结城乡的现代产业链，增加农民就业，增加农民收入，增加财政收入，增加社会和谐。二是发展县级现代产业园，将优势产业和新兴产业项目引进产业园，分工协作，聚集人气，创造商机，实现产业集聚和集群发展，打造县域经济的支柱产业，以此带动城镇化和第二、三产业发展。三是改革土地产权制度。明确农民的土地产权的主体地位，遵循合法、自愿、有偿原则，实现土地流转，促使土地向规模经营集中，实行区域化种植、标准化生产、精细化加工、集约化管理。

（作者系湖南师范大学教授、博导，享受国务院特殊津贴专家、湖南省经济学学会理事长）

编者按：新世纪以来，中央连续出台了八个指导“三农”工作的一号文件，有力地促进了农民增产增收，加强了农业基础地位，协调推进城镇化和新农村建设。就在2012年第九个中央一号文件出台前夕，经著名三农学者李昌平先生提议，湖南省农村发展研究院联合河北大午集团共同发起，在中国乡村发现网举行“我心目中的2012年中央一号文件”征文活动。至2012年3月，经相关专家审定最终评出16名获奖者，圆满完成此次活动。众多专家学者未雨绸缪，预判走势，百家之言汇聚一个主题——农业科技，达成众多共识，如农业科技成为农村发展短板、科技进步才能“富农”、加快农业科技创新、重资强化农业科技投入、农业发展需要更多“新农民”等，本书收录了其中部分优秀征文与读者分享。

加快推进农业科技创新

■ 周明宝

一、2012年中央一号文件的主题及其设置理由

根据往年中央一号文件基本是发展“三农”事业的重要文件，笔者认为，2012年中央一号文件的主题是中共中央、国务院拟出台《关于加快农业科技创新 进一步推进强农惠农工作的决定》。理由主要如下：

1. 《中华人民共和国国民经济和社会发展第十二个五年规划纲要》提出，要强农惠农，加快社会主义新农村建设。纲要强调，在工业化、城镇化深入发展中同步推进农业现代化，完善以工促农、以城带乡长效机制，加大强农惠农力度，提高农业现代化水平和农民生活水平，建设农民幸福生活的美好家园。这是对农业在固本兴邦中的决定性、基础性地位的重要认识和定位，也决定了2012年中央一号文件将首先对农业作出进一步科学发展的战略部署。

2. 中共中央政治局2011年12月9日召开会议，分析研究2012年经济工作。中

共中央总书记胡锦涛主持会议。会议提出，要进一步夯实农业基础，完善强农惠农富农政策，加大“三农”投入，健全农业科技创新机制，加强农田水利建设，促进农业稳产增产，不断提高粮食等农产品保障能力。这反映了中央在2011年发布一号文件《中共中央、国务院关于加快水利改革发展的决定》的基础上，将着重对接《国家十二五发展规划纲要》，对发展现代农业，提高农业科技创新能力以进一步推进强农惠农富农等方面作出部署。

3. 基于农产品价格对CPI物价指数的重要影响，2012年中央一号文件不仅会继续破解“三农”问题，而且会就确保农产品的稳定供给、进一步加强对农业发展的补贴以及稳定农产品物价工作作出部署。

4. 往年中央一号文件的主要起草人之一陈锡文近期在多个场合都反复强调，目前依靠增加物化投入推动粮食增产难度很大，必须立足于现有农业资源，加快农业科技体制改革和农业科技自主创新的步伐，提高科技进步对农业生产的贡献率。为此，笔者认为，2012年中央一号文件势必着重突出农业的科技自主创新。

二、期待2012年中央一号文件解决的问题

1. 基于近年来旱涝频发等重要自然灾害，期待中央在一号文件中特别重视提高农业综合生产能力、抗风险能力等的规划，以着力提高农业的稳定生产能力。

2. 期待中央就推进农业技术集成化、劳动过程机械化、生产经营信息化等方面提出具体设计，特别是对加快农业生物育种创新和推广应用，开发具有重要应用价值和自主知识产权的生物新品种，加大资金和研发投入，做大做强现代种业，切实提高农业科技对我国农业发展的贡献率。

3. 期待中央在文件中出台措施，扶持和奖励国产农机产品的开发、应用，并进一步提高农户对国产先进农机产品的购置补贴。

4. 为解决农产品滞销、帮助农民增收并提高农民在农产品市场中的红利，期待中央文件进一步加强实施“农超对接”项目，加强粮食物流、储备和应急保障能力建设。推进超市企业将采购链延伸至农产品种植基地，将市场需求信息迅速传递给农民，指导其种植，帮助其销售，从而实现农产品流通顺畅及流通企业利润的提升。

5. 为解决农民在农业产业化、规模化和市场化建设中的融资难问题，期待2012年中央一号文件进一步提出农村金融服务的有关政策，切实推进强农惠农。

6. 乡村在探索富裕之路的基础上将进一步内在地推进文化建设，期待美丽乡村建设和幸福乡村建设成为2012年中央一号文件对社会主义新农村建设的进一步探索和实践。

三、对2012年中央一号文件的几点看法

农业科技即用于农业生产方面的科学技术及针对农村生活方面的各种高效技术手段，也就是高科技农业和高效农业。2012年中央一号文件颁布后，笔者认为：

1. 中央将围绕确保包括粮食在内的主要农产品供给稳定增长的目标，加快农业科技体制改革和农业科技自主创新的步伐，进一步提高农业科技成果的转化率和对农业生产的贡献率。

2. 中央和各省市将培育多元化的农业社会化服务组织，支持农民专业合作组织、供销合作社、农民经纪人、龙头企业等提供多种形式的生产经营服务。积极发展农产品流通服务，加快建设流通成本低、运行效率高的农产品营销网络。

3. “农业科技改革”将引领农业科研机构改革和县级以下的基层农技推广体系改革，越来越多的农业人才将深入强农惠农工作的基层，农业发展将在科技翅膀的张力下迎来发展的春天。

（作者系浙江外国语学院讲师，浙江省青年研究会理事）

完善科技推广体系的路径选择

■ 何传新

科学技术是第一生产力。特别是在建设社会主义新农村，从根本上解决“三农”问题的关键时期，科学技术在农业生产中的推广应用越来越明显。农业科学技术及其有效推广是实现科技兴农，增强科技进步在农业和农村经济中的贡献率的有效措施。但是，我国面临政府机构改革，全国县乡农业技术推广体系存在的“线断、网破、人散”的现状，致使农业先进技术的推广力度还不够，农业科技成果转化效率和覆盖率不高，这些都严重阻碍了农业科技水平的提高和农业经济的全面发展，亟需国家出台有关政策改变这一现状。

一、农业科技推广体系的现状分析

目前，我国建立了从农业部到乡镇的五级农业科学技术推广和应用体系，百万科技推广人员在推广应用农业科学技术、促进农业经济发展上发挥了巨大作用。但仍然存在许多问题，具体表现在：

（一）农业科技推广队伍结构不合理，缺乏总体膨胀能力

目前，农业科技队伍存在着“五多五少”的状况。一是农业专业技术人员数量多，但高层次的后备力量少。从全国来看，农业技术推广人员总量大，约占全国农业人口的1.8%，但中、高级职称人员仅占科技推广人员总数的15%左右。二是低层次人员多，高层次人员少。现有在岗科技人员专科以下学历多，本科以上学历少。三是从分布上，乡镇农业科技人员多，市县一级少，造成技术中层梗阻。据统计，国家一级的科技人员占0.05%，省级占2%，地市占6%，县级占30%，50%多的人员在乡镇和村组。四是转行人员多，真正从事科技推广人员少。据中国科学院农业政策研究中心调查，目前约有一半的技术推广人员在从事行政执法和经营创收等非本职工作。五是科技推广队伍中非专业人员占有较大的比例，专业人员所占比重较少。

（二）农业科技投入不足，农业科技推广经费短缺

基层科技单位所取得的经费和接受的政府财政拨款年平均增长率不到3%，远远低于15%左右的同期国家财政收入增长率和10%左右的GDP增长速度。主要表现在：一是科研试验经费投入不足，致使一些研究试验项目很难向深度、广度发展，形成了小项目、小成果，影响了农业产业化。二是科技推广经费不足，致使现成的简单的农业技术成果，难以在较大面积上转化，产生大的效率。三是从农业科研、推广的基础设施及手段来看，县乡科技推广部门设施简陋，不能适应新形势下科技推广工作的需要。

（三）农业科技成果转化效率不高，缺乏市场占有能力

首先，科研与生产、市场脱节的问题还时有存在，科技链与产业链对接的问题还没有完全解决。某些科研单位还没有摆脱计划经济的思维定格，停留在传统的科研模式上，与生产结合不够紧密，部分科研成果由于配套性差，适应性、可靠性与大面积推广存在着一定的差距，造成科研成果转化效率较低，没有完全形成“市场—科研—开发—市场”的良性循环。其次，农业高新技术的研究与引进开发不够，致使农业内高新技术的应用与开发上还有一定的差距。第三，优质农产品生产与加工技术的研究与引进不够，致使农产品生产优质化效率还较低，加工增值的产品少，效益低，影响了产品的商品化和出口创汇。第四，农业新技术、新成果组装配套的“示范样板”抓得还不够，再加上企业和农民接纳农业新技术、新成果能力差，怕担风险，农业技术市场建设和中介服务不完善等，影响了科研成果的转化和农业新技术的推广。

（四）农业科技推广体系业务科站场所分化过细，导致科技推广效率低下

目前我国的基层科技推广体系按专业设置，农、林、牧、渔、机、菜、桑等行政管理部门都在基层设有自己的“嫡系部队”，各自为政，自成一体，一方面造成科技推广人员业务单一，知识面窄，农业技术推广资源浪费严重，另一方面为农民服务时效性差，增加了农民获取技术的成本，形成不必要的负担。

（五）现代农业科技推广法律意识不强，缺乏可靠的法律保障

近年来我国虽然颁布了《农业法》、《农业技术推广法》，对科技推广体系建设起到了一定作用，但在许多地区、许多方面还存在有法不依、执法不严的现象。另外，在科技推广方式上片面追求经济增长方式，忽视农业可持续发展，造成农业自然资源的缺乏，农业和农村经济结构不合理，农业投入效益不高，农业环境污染和土壤肥力下降，化肥与农药的大量使用造成土壤和水资源污染等。

二、构建和完善健全的科技推广体系

科学技术要尽快转化为生产力，彻底解决科技推广体系不够健全的问题，是当前适应农业经济发展的需要。

（一）加大对农业科技的投入

经费投入是科技发展的必备条件，是科技水平提高的重要保障。尤其是农业科技工作，公益性强，具有一定的风险性和不确定性，必须由政府作为投资主体并在宏观上进行组织、调控。要认真落实《农业技术推广法》规定的每年科技推广投资增长率，进一步明确投资来源，确保专款专用。地方政府应从部分农产品流通的增值税中提取一定比例，用于科技推广的专项经费。同时积极开拓多种资金渠道，丰富农业科研经费投入来源。要认真落实国家关于农业科研机构兴办实体、转制为企业进行农业产业化开发等方面的优惠政策，加速资金在农业科研、开发、推广过程中的流动，创造环境使资金在流动过程中增值，再投入到农业科技活动中去，形成“科研—成果—转化—反哺科研”的良性循环。改善农业科研经费的投入结构，逐步扩大产前、产后农业技术研究开发的投资份额，增加高效农业技术的科研投资，尤其是加大农副产品优质生产及加工技术的研究与引进方面的投资。

（二）深化农业科技体制改革

新的农业科技革命不仅是技术上的重大突破，更是科技管理体制上的重大突破，是一次技术革命，也是一次体制革命。深化农业科技体制改革，要认真贯彻落实技术创新，以优化科技资源的配置为重点，最大限度地利用现有的基础设施和人才条件，建立起高效、开放的农业科技创新体系。

（三）改革和建立高效的成果转化和科技推广运行机制

面向生产、面向市场，发展农业科技产业化，形成以农业科技企业为主体、农业科技示范园区和生产基地为依托的成果转化新体系。加快科技推广运行机制的转变，建立全程服务融入农业科技产业化的科技推广运行新机制。改变

“自上而下”的运行旧模式，形成立足市场经济和服务农民需要的“自下而上”新模式，建立与农村经济建设紧密相关、上下贯通、左右相连、内外结合的科技推广运行模式。在体系建设上，逐步建立以国有科技推广服务体系为主，以农业科研院所和农民自我服务的各类协会、研究会等为辅，多形式、多层次、多所有制的农业推广服务体系。在推广形式上，要树立竞争意识，积极探索和大胆改革，拓宽渠道，提高科技推广工作的效率和效益。

（四）发挥优势，走“产学研”相结合的路子

要充分发挥全国高校、科研单位科技人才资源丰富的优势，加快农业科技进步。“产学研”联合的模式，是科技与经济结合的有效模式。要按照优势互补，利益共享的原则，加强与科研院校的联合与协作，争取科研成果进一步转化，建成教学、科研、生产基地。同时采取多种方式，加强接触，不断探索新的合作领域和合作方式。在合作中，要充分认识知识的价值，并做到尊重知识，重视人才的作用。切实落实一系列优惠政策，千方百计创造良好气氛和环境。

（五）抓试验示范，建立农业科技基地

培植不同类型的农业新样板，整建制地进行农业新技术示范。培植示范园区、科技示范乡镇，切实抓好示范村、示范基地的建设。具体的培植过程中，采取立项、连续经费支持、项目管理的方式，定期组织专家咨询指导，及时督导、检查。一是围绕农业产业化结构调整，在优质粮、菜、果、鱼、畜方面，集成农业高新技术，进行集约化组装配套综合技术的开发，形成具有一定规模的主导产品，引进储藏、保鲜、加工等高新先进技术，培植科技产业化的新型“龙头企业”或嫁接改造现有加工企业，提高农产品的附加值，增加农业的收入。

（六）加快对农业科技力量和科技推广队伍的培养，多形式、多渠道提高农民科技素质

继续实施“人才工程”，以项目带人才，尽快造就和培养一批适应市场经济需要和科技产业化需求的专业技术人才。对基层推广队伍，制定培训规划，通过自修、自考、短期培训、国内考察等办法更新知识，开阔视野，掌握现代科学技术、科技信息和市场信息。在农业科技人员和科技推广队伍的再培训教育方面，制定优惠政策，进行鼓励。落实科技成果奖励与成果开发按效付酬、技术职称评定按绩晋升、经营服务减免税费、工资浮动等项政策，为他们创造较为优厚的条件。通过实施现代农民科技教育工程，进一步实施“农民科技培训工程”，提高农村职业技术教育水平。广泛开展科技下乡活动，鼓励科技人员进村入户进行科技承包，现场技术指导。建立对农民教育的制度，完善培训场所、场地，提高培训手段。加强科技宣传，利用各种宣传媒介，广泛传播农业科技知识和信息，扩大科技影响和普及范围。

（作者系泰安市委党校副教授）

对加强基层农技推广体系建设的几点建议

■ 汪恭礼

随着农村经济的不断发展，农业的增长越来越依靠科技进步和劳动者素质的提高。农业技术推广必须把提高农民素质或通过提高农民素质提升农产品的竞争力作为指导思想和基本目标，探索能有效引导千家万户吸纳农业新技术的工作方法和手段。现阶段，农业科研单位研发了很多农业科技成果，从某种程度上说，农村并不缺少技术、科技成果，而是缺乏推广途径和手段。一些好的农业技术只能停留在试验田、示范“点”上，而无法将其向广大农村推广，这严重阻碍了农业科研成果的转化，使众多农业科研成果困在城市，荒在农村。实践证明，农业科技成果的转化和推广，离不开健全完善的农业技术推广体系。本文结合新形势，就如何加快基层农技推广体系建设提出如下建议。

一、科学设置农技推广机构，明确职能职责

按照“稳定公益性、搞活经营性，建设适应市场农业发展要求的农技推广服务体系”的总体思路，在对公益性农技推广机构和经营性机构的性质及职能科学定位的基础上，积极推进农技推广服务体系的改革创新，实行公益性与经营性分开，对承担农业新品种新技术的引进试验示范推广，植物病虫害及农业灾害监测、预报、防治，农业公共信息服务，农民培训教育服务，农业环境管理等公益性职能部门要全额“买单”，加强投入和管理，强化公益性服务职能；而种子、肥料等农资经营性服务，逐步从农技推广机构中分离出去，按市场化方式运作，配套相关优惠政策。

按照“精简、统一、效能”的原则重新清理整合基层农技推广机构设置，区（县）级农技推广机构可由粮油、经作、植保、种子、土肥等专业站合并为农技推广中心，主要承担新技术试验、示范推广项目，制定计划和参与农业产业开发等公益性服务工作。坚持事业单位性质、垂直管理体制、稳定技术骨干、财政全额拨款、保证基本工作场所与设施、加强改革创新的原则，按生态环境

相同、产业布局雷同的乡镇设置区域农技站。区农委（农业主管部门）负责农技推广中心和区域农技站人事、财务、业务的管理。区农技推广中心对区域农技站业务上实行统一管理、指导和技术培训，明确两级基层农业技术推广机构承担的职责。

二、合理配备基层农技推广人员，加强农技推广力量

区（县）级农技推广中心设主任、副主任、办公室、植保站、粮油棉站、土肥站、经作站、环保站、农产品质量安全检测站各配备若干名。一般按主导产业和主要专业来设，一个产业或专业设1个首席农技推广专家、若干个农技指导员岗位。首席农技推广专家责任是根据农业生产的源头性需求，研究提出相应专业领域的产业发展、主导品种和主推技术等方案；带头开展技术试验、示范，为农民开展技术指导服务；通过“农民信箱”、“农技110”、党员远程教育系统等渠道，为责任农技员、农技指导员、科技示范户和广大农户提供相关技术信息，承担相关技术咨询和培训工作；为当地制定农业科技发展规划、发展高效生态农业以及重大科技决策提供咨询。农技指导员的责任是协助首席农技推广专家研究制定本领域全区的农技推广计划，完成首席农技推广专家及上级部门交办的农技推广工作；承担面上的工作指导、咨询培训工作，开展新品种、新技术、新机具的试验示范；联系区域农技站责任农技员、特色优势农产品基地、农民专业合作社、农业龙头企业和重点示范户等。

区域农技站按区域内乡镇主要农作物播种面积和农户数的多少及当地经济发展水平进行测算，配备责任农技员若干。其责任主要为农民群众提供农业技术服务、信息服务和产业指导。全面负责自己责任区域内全体农户的农技推广服务工作，重点联系若干个科技示范户，对科技示范户和农户开展技术指导，通过现场指导或农技110、农业信息网、农民信箱等渠道，及时答复责任区域内农民提出的各类技术问题，不能解决的负责向上一级或其他农技推广机构、人员寻求帮助；在上级农技部门的指导下开展本专业农业新品种、新技术及农业标准化集成技术的推广应用，确定主导品种和主推技术，建立示范场、示范方、示范户，做好农作物病虫害及农业灾害情报发布、防治和处置，指导农民按技术操作规程和模式图开展标准化生产；举办或组织农民参加农业科技培训。指

导农业龙头企业、农民专业合作社等生产组织建立“三品”（无公害农产品、绿色食品、有机食品）基地，记载生产档案，开展标准化生产；掌握当地的农业生产情况，及时报送和发布农事信息，完成有关调查统计。

三、加强基层农技推广队伍建设，提高服务水平

建立农技推广人员的进、管、出灵活机制，坚持公开、公平、公正的原则，严格按照规定程序和人事权限办理，采取公开招聘、竞聘上岗、择优聘用，选拔有真才实学的专业技术人员进入农技推广队伍。改革分配制度，将技术人员的收入与岗位职责、工作业绩挂钩，落实对县以下技术人员的工资待遇、子女就学和驻勤补助等有关政策，鼓励专业技术人员深入到农业生产第一线。完善技术人员技术职务评聘制度，不断提高推广队伍的整体素质。设立专项资金，对基层技术人员进行定期培训，通过不断创新管理理念，改进工作方法，以提高人员素质为目标，为基层人员提供培训、交流、学习的机会和平台。建立健全考评制度，在考评中要将工作量和业绩细化量化，将技术人员的工作量和进村入户推广技术的实绩作为主要考核指标，将农民群众和基层干部对技术人员的评分作为重要考核内容。

四、完善经费保障机制，确保工作正常运转

农技推广所需经费纳入财政预算，统一管理，保证其人员经费、工作经费和日常运转费用。对植物疫病的监测、预防、控制和农产品有毒有害物质残留检测、突发救灾种子贮备等经费纳入财政预算，并及时拨付，确保专款专用。依法收取的检疫等行政事业性收费一律上交财政，实行“收支两条线”管理。加强基础设施建设，改善基层农技推广条件，把改善和加强基层农技推广体系建设的计划经费纳入财政预算，分期分批投资建设基层农技推广站站房，逐步改善基层农技推广人员的工作条件和居住环境，使推广人员安心工作，扎根基层，服务基层。

五、创新推广模式，快速、简捷地推进农业科技成果转化

一是加强农业科研、教育、推广部门之间的联合，拓宽科技下乡的渠道，

加速科技成果转化。鼓励和支持大专院校、科研院所、供销社、农产品行业协会、农民专业合作社、涉农企业和其他中介服务机构兴办基层农技推广组织，与基层农技推广机构建立定点联系制度，开展各类农技推广服务活动，加快形成多形式、多元化、多渠道的农技推广格局，为普及推广先进适用技术提供科技支持。二是充分整合利用农网、情报、简报、农技110、手机短信、广播电视等资源和平台，发布农业新技术、新成果以及农产品流通信息，通过开设农业信息栏目、建立农业和农村信息数据库、实施远距离广领域即时服务等多种方式，快捷有效地向广大农民、基层农技推广人员提供技术、信息、培训和咨询服务。三是适应现代农业发展的新形势，建立农业科技示范园区、丰产示范片，建立新品种、新技术示范基地，农技人员跟着项目走，参与科技项目承包。鼓励农技人员领办、创办产业实体和农民专业合作经济组织，支持农技人员以技术、信息、资金等多种要素入股，参与扶持种、养大户及产业化龙头企业，与种、养大户和龙头企业结成利益共同体，利益共享，风险共担。四是依托经营大户、科技示范户、销售专业户，广泛吸纳当地技术人才，吸收广大相关农户参加，兴办农业技术推广协会，实行技物结合，有偿服务，以提高技术推广效果。五是加强农民科技培训，实施科技入户示范工程，提高农民科技意识、市场意识、生产技能、从业能力和经营水平，与测土配方施肥、高效节水滴灌、粮棉高产创建等技术的推广相结合，通过物化补贴的方式，指导科技示范户带头推广新技术。结合小麦、棉花等作物灌水追肥的关键时期，利用区、乡（镇）为示范户发放肥料、农药等物资，提高科技示范户的知名度，着力培养一支有技术、懂经营、善管理的高素质农民队伍，提高农业科技的转化率、入户率。

（作者单位：安徽省宣城市赛芙利食品有限公司）

发展农业科技建设新农村

■ 向培年

目前，我国农业和农村经济的发展已进入新阶段，保证国家粮食安全、调整农业结构、提高农业效益、增加农民收入、改善农村生态环境、实现农业和农村经济的持续稳定发展，必然要推进新的农业科技革命。

面对我国建设现代农业和社会主义新农村的历史任务，面对世界农业科学技术的快速发展，农业科技发展还存在许多不适应。主要表现为：

一是自主创新能力不强，科技的支撑和引领作用还未完全发挥。重大原始性创新成果和产业发展关键技术成果供给明显不足，除主要农作物育种外，一些畜产品、园艺产品的品种和重大农业装备还主要依赖进口；产前、产中、产后等系列技术集成、配套不够；拓展农业功能，延伸农业产业链的养殖业、加工业等重点领域技术成果严重缺乏；提高农业资源的产出率、劳动生产率和农产品商品率的技术成果明显不足。

二是科技投入严重不足，没有形成稳定的科技投入机制。农业科技投入的结构、方式还不完善，一些长期性和基础性农业科技工作尚需建立稳定的支持机制。

三是创新和应用体系不完备，还存在一些体制性和机制性障碍。农业科研体系条块分割、力量分散仍未得到根本解决；科研联合协作不强，导致突破性大成果少；科研和生产还有脱节现象，农科教、产学研联系仍不紧密；高水平农业科技人才不足的问题比较突出，农业技术推广队伍不稳定，农业科研与推广的体制、机制有待进一步健全。

加快建设现代农业，转变农业增长方式，迫切需要依靠科技创新优化产业结构和提高效益。加速成果转化应用，促进农民持续增收，迫切需要拓展科技转化渠道和增收空间。现阶段，我国科技成果转化应用率不高，转化渠道不畅，科技产业发展相对滞后，科技转化为现实生产力的速度不快。

农业科技发展的重点任务在于开展农业生物遗传改良和农业可持续发展等科学问题的基础研究，如重要农业生物基因和功能基因组及相关“组”学，高效规模化农作物、畜禽、水产转基因技术体系，生物多样性与新品种培育的遗传学基础，植物抗逆性及水分养分和光能高效利用机理，农业生物与生态环境的相互作用，农业生物安全与主要病虫害控制原理等。

重点开展事关现代农业发展全局性、战略性、关键性的重大核心技术研究，如种质资源发掘、保存和创新与新品种定向培育，畜禽水产健康养殖与疫病防控，农产品精深加工与现代储运，农业生物质综合开发利用，农业生态安全，环保型肥料、农药创制和生态农业技术，多功能农业装备与设施，农业精准作业与信息化，现代奶业，农产品质量安全、转基因生物新品种培育及主要农作物规模化制种技术等方面。

1. 组织农业科研攻关。包括：新一代动植物新品种培育、农产品质量安全和监控、高产高效种养技术与农作制度、重大动植物疫病防控、农产品采摘后处理及精深加工、现代农业装备与设施、节水农业与地力培育、科学施肥与科学用药、草原植被恢复重建、生物质资源转化与饲草利用、农业面源污染防治和水域生态环境修复、数字农业等方面。

2.开展核心技术集成示范。包括：粮田目标产量保障技术集成与示范、重要出口农产品标准化生产技术集成与示范、大宗农产品质量安全技术集成与示范、现代牧业小区集约化生产技术集成与示范、水产良种高效健康养殖技术集成与示范、循环农业技术集成与示范、设施农业技术示范、大宗农作物生产全程机械化技术集成与示范、精确生产技术等。

3.实施科技推广示范工程。包括：农业科技入户示范工程、新型农民培训工程、乡村清洁工程、农村信息服务工程、农产品质量安全科技推进工程、重大动物疫病防控科技工程、重大植物疫情防控科技工程、“一村一品”产业科技推进工程等。

（作者单位：湖北省秭归县归州镇归州司法所）

推进农业科技工作的主要措施探讨

何六生

一、2012年中央一号文件的主题可能是农业科技

我国正处于从传统农业向现代农业转变的关键时期，农业农村的各项发展殊途同归为农业现代化，主要表现是农业科技化，推进农业科技创新，加快农业科技化进程或将成为今年一号文件的主题。2012年中央一号文件将围绕确保包括粮食在内的主要农产品供给稳定增长的目标，加快农业科技体制改革和农业科技自主创新的步伐，进一步提高农业科技成果的转化率和对农业生产的贡献率，以确保粮食等大宗农产品的有效供给，维护国家粮食安全、食品安全和生态安全。

当前，我国农业科技创新仍然存在着诸多突出问题：一是农业科技供给不足，政府对农业科技供给的数量较少，农业科技机构对农业科技的供给水平较低。二是农业科技需求不足，较小的农户经营规模约束农业科技需求，较低的农业比较利益约束农业科技需求，贫乏的农业科技信息约束农业科技需求。三是农业科技供求错位，科技供给与农业需求方面“两张皮”现象。四是农业科技推广乏力，科技推广“以科技为中心”而不是“以农民为中心”，导致科技转化率低下。

二、2012年中央一号文件关于农业科技工作的重点领域

加快农业科技创新是实施“科教兴农”战略的重要组成部分。什么是农业科技?即用于农业生产方面的科学技术和针对农村生活方面的各种高效技术手段以及农产品加工技术，也就是高科技农业和高效农业。推进农业科技创新本质上就是要将农业科技化，主要体现在高科技含量的育种技术、农业机械化、节水农业科技、生态农业科技、农产品标准化生产、防沙治沙科技等六个方面。

1. 发展现代种业。种业是国家战略性、基础性核心产业。我国人均耕地有限，增加供应必须首先依靠提升单产，这就需要依靠优良品种和种植、养殖技术的改进。一要实施作物良种科技行动。加强优质高产作物高新技术品种选育技术研究，大幅度提高育种技术水平，以优质高产作物新品种选育及其产业化为重点，加快种植业结构战略性调整。二要实施优质高效畜牧水产科技行动，开展畜牧水产优良品种选育、饲料开发、生产设施设备研制、畜禽疫病综合防治等技术研究，加速畜禽牧水产业等养殖业规模化、产业化、标准化。

2. 农业机械化。重点加强农业机械化推进等公共服务体系建设，一要推进农机工业行业改革，建立产权明晰、权责明确、管理科学的现代企业制度。二要着力解决农机产品结构性矛盾，优化农机产品结构，改变目前高端产品不足、低端产品过剩。三要增强农机工业科技创新能力，建立以企业为主体、市场为导向、产学研相结合的农机工业技术创新体系。四要提升农机工业制造水平和产品质量。五要构建现代农机流通体系。六要扩大农机工业国际合作。

3. 节水灌溉技术。节水灌溉技术是比传统的灌溉技术明显节约用水和高效用水的灌水方法。一要加速开发并推广新型节水灌溉技术与设备，逐步改变落后的灌溉方式，建立节水灌溉技术标准和示范，为主要灌区技术改造提供成熟技术支持和样板。二要大力开发旱作农业技术，包括集雨技术、保水技术和保水新材料，建立高效配套的旱作农业技术体系。三要研究开发水肥配施适用技术与设备。大幅度提高水肥利用率，降低化肥、灌溉水使用量，有效减少面源污染。

4. 生态农业科技。农业生产由于农药、化肥等使用过量，导致农业生产对水源、土壤的污染加剧，同时农产品的质量安全以及口感营养等问题突出。一要积极推进生物农药、生物兽药、生物肥料、动物疫苗、植物生长调节剂的研制与产业化，支持动植物生物反应器研究与开发。二要积极发展缓控释肥技术，开展无公害农业生产技术和农业病、虫、鼠害防治技术研究，建立无公害农业生产技术标准。

5. 农产品标准化技术。农产品生产标准化程度低导致“农超对接”进展缓慢，农产品滞销直接影响农民增收。在国外一些农业发达国家，农业的标准化生产已像工业生产一样的严密。从种子的挑选、种植到产品的大小、口感，从土地成分的改良到施肥用药的时机、用量，都有严格的标准。我国农业产品同样有一个“升级换代”的问题，全面按国际通行的产品标准生产、种植就是方向。一要依靠科技建立新型农产品加工业。采用“公司加基地加农户”的农业产业化模式，推动标准化、规模化优质农产品原料生产基地建设；加强农产品加工技术与设备的研究开发，培育大宗农产品加工科技企业。二要大力开发粮食、油料、果蔬、肉类、奶类等大宗农产品贮藏、保鲜、加工、包装技术与设备。三要建立健全农产品加工质量标准体系和监测、检测技术体系，推动主要农产品质量监测、检测网络体系的技术升级。

6. 防沙治沙科技。要加强治沙基础科学和应用技术研究，总结我国荒漠化和沙化防治的新模式和产业发展新做法、新经验，要变防沙、堵沙为科学经营沙漠，与沙漠和谐共存，充分利用沙漠戈壁地区的太阳能如日照、温差等有利条件，推广使用节水技术，搞知识密集型的现代化农产业，高度重视发展沙产业和草产业。

三、2012年中央一号文件关于推进农业科技工作的主要措施

2012年中央一号文件主要内容包括新时期农业科技工作的重要意义，推进农业科技工作的指导思想、目标任务和基本原则，农业科技工作的主要领域以及推进农业科技工作的措施等。

1. 建立农业科技工作投入稳定增长机制。加大公共财政对农业科技的投入，将水利作为公共财政投入的重点领域之一。加强对农业科技创新的金融支持，广泛吸引社会资金投资农业科技。国家对农业科技的资金投入将主要集中在现代种业、种植与养殖、农产品加工以及农机装备等产前、产中、产后的多个领域。

2. 建立农业科技创新体系。一要引入市场机制，调动社会各方参与农业科技创新的积极性，推到产学研、农科教相结合。二要创新农业科技工作体制机制。主要集中在深化省市级以上的农业科研机构改革、县级以下的基层农技推广体系改革，优化配置农业科技资金、资源，建立和完善农业科技创新主体的激励机制和科技成果的推广服务体系。三要加强农村教育特别是职业技术教育和适用技术培训，大力培养新型农民，不断提高农民科学文化素质。

3. 加强对农业科技工作的领导，包括落实各级党委和政府责任，加强农业科技研究和农技推广队伍建设，动员全社会力量关心支持农业科技工作等。

（作者系长沙市委党史研究室副主任、博士）

科技，让农村生活更美好

——我心目中的中央一号文件

王小凤

人们往往习惯于将农村看成是文化沙漠，看成是没有先进科技雨露滋润过的地方。没有到过农村的人们这样认为，从农村里走出来的人在多年以后回望此前的艰苦生活也不禁皱起眉头。是的，农村没有城市里的高楼大厦，霓虹闪耀；没有城市里的车水马龙，熙攘人群；仿佛是被忘却的游子，意念中的农村在人们心目中渐渐淡出，成为脑海中一抹淡淡的回忆。

如果说改革开放的春风打开了人们放眼看世界的视窗，那么中央文件中屡次提到的三农问题则牵引着人们视线重新回归到农村这个与人们的生产生活息息相关的地方。伴随着加快三农建设这股潮流，农村开始成为热捧的对象，很多热爱田园生活的人们开始盘算着如何真正实现这种生活，需求和追求拉动了无数商机，抓住这些商机的人开始实战演练开心农场，将土地划分成很多块，把使用权转让给那些渴望有自己一片土地的城市白领，农民本身只做些相应农活的指导和管理工作。这其中有最新技术的运用，即将摄像头安放在田间地头，使坐在办公室的工薪阶层能够遥控自己的农田管理，这种全新

的发展方式给了人们无限遐想，或许“咱们去开块地吧”会成为朋友或者夫妻间讨论的话题。怎样让农民从土地的附庸地位解放出来，摆脱那种日复一日年复一年在烈日骄阳下汗流浃背地获取一点点微薄收入的劳动方式？无疑，科技可以改变农民生活。

中国农民的庞大人口不允许进行美国那种大规模的机械化生产，也不可能像日本的商业化精耕细作，但是中国农业发展过程中对科技的需求却是时不我待。

首先，无论是要保障粮食安全，还是解决生活中的食品安全问题，都与科技息息相关。食品安全是关乎民族命运和前途的大事件，怎样解决好这样的问题是科技需要去探索的。

其次，在全球化浪潮中，我们也需要考量如何增加科技在农产品生产加工过程中的分量，以提高农产品的国际竞争力。美国凭借大机械规模生产在世界农产品市场上占有主导地位，用成本计我们难以与其匹敌，但是用科技弥补我们农产品的不足是完全可能的，比如改良农产品的品种，袁隆平便为我们提供了成功案例。

再者，用科技武装农民的头脑。现在网络很发达，各种资讯排山倒海般扑面而来，但是会使用网络的农民又有几人呢？只有用科技武装农民的头脑，让农民迅速学会现代信息技术，才能为农业发展找到人才和技术动力。

第四，做到城乡对接，做到研发和实践的对接是改善农村生产方式的重要方式。比如当前很多地方实行的农超对接，即农产品在收获后根据相应的协定运到超市去买，这不仅可以解决农产品销路难的问题，还能保证农民的稳定收入，如果将这个链条继续完善，给予一定的技术支持，在整个种植、生产、加工、流入市场的过程中将高校与专门的农业技术部门、政府管理人员、相关企业连接起来，实现研发、种植、农产品的买卖一体化，相信可以增加农产品的技术含量，同时大大增加这一过程中的收益，增加农民的收入。

科技，是一个时代发展的驱动器；农业，是我国现代化发展的重中之重。让农业和科技紧紧相拥，相信会迸发出极大的发展激情，让农业跟随时代的脉搏，踩着科技的鼓点，一路向前。

（作者单位：南开大学历史学院）

推动公共资源向农业科技倾斜

■ 童航 陈剑

一、原因

（一）农业科技成为聚焦点，日前召开的中央政治局会议已经得到体现

此次会议表示，将加大三农投入，健全农业科技创新机制，加强农田水利建设。此外，一位接近农业部官员的人士透露，目前农业部已完成《全国现代农作物种业发展规划》的编制和论证工作。

（二）中国种业已经到了危险的时刻

农业部统计数据显示，除大宗粮棉油等主要农作物育种外，目前中国有50%以上的生猪、蛋肉鸡、奶牛良种以及90%以上的高端蔬菜花卉品种还是依赖进口；有70%以上的先进农产品加工成套设备依赖进口，而大多数国产农机产品仅相当于发达国家20世纪70年代水平。

全国政协委员、农科院生物技术研究所研究员黄大昉称，中国的种子产业，研发单位太多，低水平重复现象严重，却缺乏龙头型的大公司，全国8700多家种子公司，其中只有10家上市，这些所谓的上市公司销售额也不算很大，研发能力极弱。农业部部长韩长赋在2011年11月17日召开的种业发展座谈会上曾表示，粮食产量的增加：一靠政策，二靠基础设施建设，三靠科技。

（三）农业部和科技部已经开始部署农业科技创新和种业发展的工作

在一号文件出台之前，与之有关的各个部委尤其是农业部和科技部实际上已经在开始部署农业科技创新和种业发展的工作了，各种配套文件也已经陆续下发给地方农业和科技部门。“去年一号文件已经把水利等制约农业发展和粮食增产的基础设施建设作为未来三农问题的重点，今年则把投资重点放到科技上，也是情理之中了。”郑风田称。

二、期待2012年中央一号文件：提高农业科技水平

（一）确定农业科技投入稳定增长机制

1. 加大公共财政对农业科技的投入。发挥政府在农业科技建设中的主导作用，将农业科技作为公共财政投入的重点领域。各级财政对水利投入的总量和增幅要有明显提高。进一步提高水利建设资金在国家固定资产投资中的比重。大幅度增加中央和地方财政专项水利资金。切实加强农业科技投资项目和资金监督管理。

2. 加强对农业科技建设的金融支持。综合运用财政和货币政策，引导金融机构增加水利信贷资金。有条件的地方根据不同农业科技工程的建设特点和项目性质，确定财政贴息的规模、期限和贴息率。在风险可控的前提下，鼓励国家开发银行、农业银行、农村信用社、邮政储蓄银行等银行业金融机构进一步增加农业科技建设的信贷资金。支持符合条件的农业科技企业上市和发行债券，探索发展大型水利设备设施的融资租赁业务，积极开展水利项目收益权质押贷款等多种形式融资。

3. 广泛吸引社会资金投资农业科技。鼓励符合条件的地方政府融资平台公司通过直接、间接融资方式，拓宽农业科技投融资渠道，吸引社会资金参与农业科技建设。鼓励农民自力更生、艰苦奋斗，在统一规划的基础上，按照多筹

多补、多干多补原则，加大一事一议财政奖补力度，充分调动农民对农业科技创新的积极性。积极稳妥推进经营性农业科技项目进行市场融资。

（二）实行严格的农业科技管理制度

建立农业科技管理责任和考核制度。考核结果交由干部主管部门，作为地方政府相关领导干部综合考核评价的重要依据。加强农业科技监测能力建设，为强化监督考核提供技术支撑。

（三）不断创新农业科技发展体制机制

完善农业科技管理体制。加快农业科技建设和管理体制改革。区分农业科技工程性质，分类推进改革，健全良性运行机制。中央财政对中西部地区、贫困地区公益性工程维修养护经费给予补助。深化农业科技工程产权制度改革，明确所有权和使用权，落实管护主体和责任，对公益性小型农业科技工程管护经费给予补助，探索社会化和专业化的多种水利工程管理模式。对非经营性政府投资项目，加快推行代建制。充分发挥市场机制在农业科技工程建设和运行中的作用，引导经营性农业科技工程积极走向市场，完善法人治理结构，实现自主经营、自负盈亏。

三、对2012年中央一号文件的见解和看法

（一）一号文件要聚焦于农业科技研发及推广体制

解决涉农科技资金的严重浪费问题。目前农业的科技转化率只达到30%左右，70%左右的科技成果一研发出来就“睡大觉”了。而目前涉农的科研经费基本都集中在高校、科研机构手中，例如某高校集中了大部分的农业技术研发资金，拥有七八位院士，而大多数成果都停留在论文上。所以，科研经费应该更多地向创新型企业倾斜，防止资金浪费。要推动科研教学单位与商业化育种分离、与所办的种子企业分离，使科研单位专心开展基础性、公益性研究，商业化育种要逐步移交给种子企业，由企业按市场需求确定育种目标，按照现代育种模式开展品种选育，提高商业化育种效率。

（二）加大科技合作与交流力度，增强利用国内外科技资源能力

加强与发达地区、高等农业科研院、校、所乃至国外的农业科技合作，和部门间协调配合，围绕现代农业优化发展急需的重大技术、品种等问题，积极

引进国内外新技术、新产品、新品种、新工艺，提升农业科技创新能力，加速农业科技发展。

(三) 完善农业科技创新体系，增强现代农业发展的科技创新力

围绕优化现代农业发展的紧迫技术需求，加大科研机构和创新平台的培育组建，增强其创新能力。建立完善农业科技资源共建共享的管理制度和保障体系。加大对科技型涉农中小企业、农村经济合作组织的支持力度，引导各类创新要素向农业产业化龙头企业集聚。通过加强对农业科技人才的引进、培养和使用，和加强对现有技术人员多层次、多渠道的培训、培养，组建一批农业科技创新团队。

(四) 大力引导科技特派员创新创业，加快农业科技成果转化和农村实用技术的示范与推广

加强资源统筹，通过政策、资金、项目等加大对科技特派员创新创业倾斜支持力度，扩大科技特派员队伍，创造条件吸引、支持农业科技人员以及企事业单位参与创业行动。引导科技特派员积极面向生产、面向应用、面向市场开展科技服务工作，加强科技成果转化与创新创业力度。

(五) 提高农业科技服务能力水平，进一步培育壮大农业优势产业、科技特色产业和农村经济合作组织，推进现代农业优化发展，促进农民就业增收，加快社会主义新农村建设。

(作者童航系中南财经政法大学中国农村土地法律制度研究中心研究人员，陈剑系宁波大学法学院硕士研究生)

加快农业发展方式的转变

■ 黄文兵

党中央和国务院高度重视“三农”问题，自2004年以来，连续8个中央一号文件都是针对农业的。近年来，在国家政策的大力扶持下，尽管农业生产稳定发展，粮食连续7年增产，农民收入稳步提高，农村经济发展也面临着良好的态势。但是，农村科技型人才短缺，农业发展方式依然落后，粮食综合生产能力也不高，农民增收的难度仍然很大。因此，加快转变农业发展方式，增加农业科技含量，是我国实现农业现代化的迫切需要和现实选择，也是2012年中央一号文件的主题之一。

一、加快农业发展方式转变的紧迫性

加快转变农业发展方式，是我国实现农业现代化的迫切需要和现实选择。

我国传统的农业发展方式主要依靠手工方式进行，单纯依靠追加化肥和农药来增加农产品的产量，不仅效率低，污染大，而且劳动力和资源消耗也很大，农业从业人员的收入远远低于城镇就业人员的收入。所以大量的农村劳动力外出务工而造成农村劳动力短缺，同时农村留守儿童、留守妇女和留守老人现象日益严重，农村从业人员素质低下等因素，严重阻碍了农业的现代化进程。加之，在我国能源和原材料价格等因素的推动下，农资、用工等的费用呈现快速增长趋势，促使农业生产成本快速上升，而且我国农村人均土地占有量很少，因此要提高农产品的经济效益就需要提高产量，使得绝大部分农民采用了多施化肥和多喷农药的方式，来提高农产品的产量，来抵抗农作物病虫害的危害。这样，就使农产品残留的化学成分尤其是农药成分大大超标，严重危害着消费者的身体健康，也使农村的土壤结构发生变化，生态环境遭到恶化，不利于农业的可持续发展。因此，农业的发展主要依靠传统的耕作方式和追加化肥和农药的方式，已不再适应现代社会的需要，现代社会需要的是高质量、低污染的绿色农产品，这就需要农业提高生产效率，提高科技含量，降低有害污染。因此，不转变农业的高投入低产出、高污染低效益的传统耕作方式，就难以适应现代农业发展的趋势。

二、加快农业发展方式转变的措施和途径

要转变农业发展方式，就要努力培养科技型农业人才，提高农业科技含量；要统筹发展，加强农业的基础地位；要加强对农业生产经营的组织，提高农业的科技含量和经济效率。这是农业现代化的迫切需要，也是建设农村和谐社会的需要，更是建设全面小康社会的需要。

（一）培养科技型农业人才，提高农业科技含量

由于大量农村青壮年劳动力进城务工，使得本来劳动力过剩的农村出现劳动力短缺的局面。农村三留问题即留守老人、留守妇女和留守儿童问题日益突出，造成农村从业人员素质越来越低，农业生产经营能力不强，农产品市场竞争力下降。许多落后的地方仍然靠传统产业进行经营，根本没有什么新产业，解决全家的温饱问题不难，但要富裕起来就很难了。因此必须要转变传统的农业发展方式，要坚持科学发展，要依靠科技致富。

首先，要提高农村就业人员的素质，培养农业技能型人才。根据各地区的农业发展情况和自然环境，有针对性地培养农业科技研究型人才，可利用农业科技推广站对农业从业人员进行专门的技术培训，通过送技术下乡等方式，解决农业生产经营中遇到的实际困难和问题；也可以整合高等院校的资源优势，根据各地的地域特点、气候条件和农作物的生产状况，开设实

用性专业，培养技能型的农业专业技术人才，或通过院校和农村点对点进行技术指导，在农村建立农业示范园等方式，充分发挥科技优势，培训农技人员，提高农业科技含量。

其次，要鼓励和吸引从业人员深入农村、扎根农村、发展农村。如果说科学技术是第一生产力，那么人力资源就是第一资源。因此，要想发展农村，必须吸引和留住农业科技人才。尤其是农业院校的大中专毕业生，要鼓励他们树立自主创业的精神，更要鼓励他们深入农村、扎根农村，运用自己所学的知识真正做到学以致用，使其成为建设和发展农村的中坚力量。还要鼓励大量的返乡青年留在农村，发展农业。要充分利用他们见多识广、经验足、思想开放、接受新鲜事物快和信息广的优点，为其提供资金和技术上的支持，鼓励他们生产适销对路的农产品。

再次，要改变农业单一种植的传统生产经营模式，在农村大力发展加工型产业。单一的传统种植产业劳动力消耗大，成本高，经济效益低，难以使农民致富。要改变这种传统产业，进行由生产到加工到销售的一条龙生产经营模式，因地制宜地发展农村二三产业，提高农产品的科技含量和经济效益，切实提高农民的实际收入。

（二）统筹城乡发展，缩小城乡差别

国无农不稳，农业始终是国民经济的基础，它不仅是工业的原材料市场，而且是工业品的巨大消费市场，尤其我国是一个典型的农业大国，农业的基础作用尤为突出。

农业所采用的传统的耕作方式和粗放型的生产经营模式，已经远远落后于工业发展的步伐，远不能同工业化进程相协调。因此国家必须要加大对农业的支持力度，包括资金、技术和信息等各方面的扶持和引导，实施以城带乡和以工促农的战略方针，大力发展现代农业，提高农业科技水平，增加农业生产经营的科技含量和信息含量，提高市场竞争力，增强经济效益，逐步缩小城乡差别。

同时，要加快转变政府职能的政策导向，增加农村在基础教育、社会保障、公共设施和公共医疗等各方面的政策支持。切实推进城镇化建设，大力实施农业产业化经营，兴办农村工业，积极发展农村非农产业，加快农村二三产业发展步伐，尽快改变城乡二元经济结构，大力发展现代农业。

（三）积极培育农村经济合作组织

大力发展农村经济合作组织是转变农村发展方式的一条有效途径。但我国农村合作经济组织发展速度还比较慢，存在的问题还比较多，主要有农村经济合作组织的法律地位和性质还难以明确规定，造成在登记和注册等方面的混乱；政府干预过多，组织自主性受到过多干扰，不利于组织的正常运转和健康成长，甚至合法的权益有时也难以保障；农民总体素质低，参与和合作意识不强；农村土地、技术和资金等生产要素的流转和组织不够顺畅等。

而要发展农村经济合作组织，就要针对农村的现状采取一些相应的措施。

首先，要通过立法，给予农村经济合作组织以法律保障，切实维护农民的利益，真正做到使农民“自愿入社，民主管理，社员所有，社员自治，社员共享”。

其次，要健全农村经济合作组织的组织机构，健全和完善合作组织的章程，建立民主管理、民主决策和利益公平分配的组织原则；积极培养管理队伍，拓宽服务领域，做到有章可循、决策民主、管理科学、服务到位、会员满意。

再次，要加强政策的支持和引导。地方政府要根据本地区农业发展的实际情况，总结农业发展的优势、特点和经济合作组织的现状，结合市场需求，制定合理的可行性较强的规划，加强对农村经济合作组织的指导、协调和服务功能，认真落实对农村经济合作组织的政策支持和合理保护，为合作组织提供技术和信息等公共服务，促进合作组织的健康发展。

只有真正关注“三农”问题，提高农业从业人员的素质，增加农业科技含量，加大对农业的政策支持和资金投入，因地制宜地建立农村经济合作组织，才能更好的提高农民生产经营的积极性和创造性，切实维护好和发展好农民的根本利益。

（作者单位：湖南省永州市祁阳县委党校）

中国民间信仰何以存在

■ 左亚文

著名的西方现代心理学家荣格说过：“尽管大多数人并不知道为什么身体需要盐，但每个人都出于一种本能的要求摄取着盐分。……大部分的人从记忆难及的洪荒时代起就感受到了一种信仰的需要，需要信仰是一种生命的延续。”人是信仰的存在物，信仰是人的天性，是人之为人的本质的体现，正如人不能不摄取盐分和其他营养物质以维持自己的肉体生命一样，人也不能不选择一定的信仰以安顿自己的精神生命。

那么，人为什么需要信仰？信仰在人的本质占有怎样的地位？要回答这个问题，就必须对人的需求作一番深入的考察。

一般来说，人有物质需求，也有精神需求。物质需求既包括对于吃、穿、住、用等生活资料的需要，也包括对于劳动工具、劳动对象等生产资料的需要。物质需求是人赖以生存和发展的基础，其他层次的需求都是建立在这一基础之上的，在一定的意义上，其他需求不过是这一基本需求的派生和升华。

人与动物不同，人除了具有基本的物质需求外，还有超越于物质需求之上的精神需求。人的精神需求也可以划分为不同的层次，按照马斯洛的五层次需求理论，第一层次的生理需求和第二层次的安全需求属于物质需求，第三层次至第五层次属于精神需求；其中第三层次的需求即社会交往属于低等层次的精神需求，尊重需求属于中等层次的精神需求，自我实现属于最高层次的精神需求。信仰所指向的主要是第五个层次即自我实现的需求。

人的自我实现是一个由现有状况向应有状况不断进行超越和转化的过程，而这一过程实际上是永无止境的。人永远不会满足既有的现实状况，他总会向自己提出一个超越现有状况的更高目标，并把这个目标看作是未来应有的状况。当人通过自身的努力而把这种原先只是奋斗目标的应有状况转变成现实的时候，新的更高的人生目标又涌现出来了。于是，在新的现实状况的基础上，又开始了现有和应有的矛盾运动。信仰就存在于这种连续性的超越和转化的矛盾运动过程之中。但是，确切地说，信仰所指向的并不是在这一连续过程中依次出现的一个一个的具体目标，而是那推动着这种前进运动的最高的和终极的目的。作为信仰之对象的最高的和终极目的，对于信仰主体来说，它永远是一个可望而不可及的“未见之事物”。然而，正是这个作为终极目的的“未见之事物”，成为一个人在这个世界上生存和奋斗的全部价值和意义之所在，而且人们都希望把这种价值和和意义留于身后使之不断延续。

因此，信仰实质上是对于人的生死意义和价值的一种认识和追求，它以观念的而不是以实体的形式存在着，只是这种观念在一些人的头脑里是自觉的和清晰的，而在有些人的头脑里则不自觉的和模糊的。

对于大多数知识分子来说，其信仰的观念较为明确，而且其内涵也较为丰富。一般来说，信仰包括三个方面的内容：一是关于人生死的意义和价值；二是关于宇宙世界的终极本质；三是关于社会发展的最高理想。人的生死意义和价值主要关涉的是那种具有永恒和无限意涵的东西，而不是指那些与个人生活有关的有限的和暂时的物质私利。宇宙世界的终极本质是一个形而上的世界观问题，它所要解答的是关于世界的本源及其发展的一般规律，这在哲学和宗教中都是一个最根本的问题。社会发展的最高理想是世世代代人们所期望的一种完美境界，尽管这种完美境界也许永远都不可能实现，但却不妨碍人们不甘失败地为之企盼和追寻。

但是，对于绝大多数民众来说，其信仰所关注的主要是人的生死问题。至于宇宙世界的终极本质和社会的最高理想，在大多数人的头脑里往往以或隐或现的自发形式存在着。一个没有多少文化的农民，有时也会思考和提出自己对于一个理想社会的期望，例如，希望国泰民安、人人平等，没有穷人和富人的差别等等；有时也会感叹世事的多变和人生的无常，而相信有一个至高无上的“天”在主宰着人间万物。然而，这些观念在一般人的头脑里不占主导地位，而生死问题却是每个人必须面对并思考的问题。一个生活贫困、辛勤耕耘的农民，他把一生的希望寄托在培育子孙、为其成家立业之上，生儿育女，续接香火，振兴家业，泽被后代，是他生活和生命的全部意义，也是支撑其甘于吃苦耐劳的精神力量。在他的潜意识里，他希望他为家庭所做的一切能通过其子孙后代而不断得到延续，并且纳入到由其祖先所一脉传承下来的无限延绵的生命长河中去，从而使自己的生命意义和价值获得永恒。这就是一个普通农民朴素的信仰。

在中国，自古以来，对于广大民众（而且主要是农民）而言，自身意义和价值是通过家庭和家族得到无限传续的，又是以具有宗教性质的祖宗崇拜体现出来的。由于民族文化的影响，中国人从懂事的时候起，似乎就相信这个世界分为阳间和阴间，阳间是一个现实人的世界，阴间则一个非现实的鬼神的世界，人死为鬼，因而就进入到另一个世界。人们通过各种祭祀活动与鬼神世界沟通，希望得到他们的保佑。已逝去的祖先并没有消亡，只是到了另一个世界，他们对其后代仍然十分关心。因此，在世的子孙后代应该按照礼仪定期祭拜先祖，以尽其孝敬之心，而祖宗之灵也会随时护佑于后代左右，以保其幸福康宁。中国的民众也祭拜天地山川、土地城皇、神仙菩萨等等多种多样的神祇，可谓“遇庙就烧香，见佛就磕头”，但是，他们最为崇拜的还是自己的祖先。这一方面是源于对祖宗的追远报本之情，另一方面也是相信只有祖宗之灵才最为亲近，才会真心保佑其子孙后代。而且，一个人在去世之后，就会回到祖宗的身边，成为延绵不绝的家族谱系中的一员。

中国的这种民间信仰还认为，人在世积德行善、有功于民，死后就会成为神，进入天堂；败德作恶、危害社会，死后就会遭到惩罚，堕入地狱。后来，佛教传入中国后，其因果报应思想又进一步强化了这种信仰。

千百年来，中国的民众特别是广大的农民至今仍然靠这种信仰在维系着自己的精神生命，寄托着自己的理想追求，承载着自己的人生意义。很难设想，假如没有这种民间宗教信仰的支撑，中国广大民众何以能够为了家庭、家族和国家而宁愿奉献自己的一切，即使牺牲自己的生命也在所不惜；假如没有这种民间宗教信仰的熏陶，中国广大的民众又如何能够做到克己修身、谨行礼义规范而不敢违抗呢。在中国漫长的封建社会中，民间社会实际上具有高度的自治性，“日出而作，日入而息，凿井而饮，耕田而食，帝力于我何有哉”，就是这种生活的写照。然后，这个社会却具有极强的超稳定性，其原因何在？我认为，这种浓郁的民间宗教信仰对于规范和约束人们的行为和维护社会的和谐稳定，起到了至关重要的作用。

由此可见，民间信仰的存在具有深厚的客观根源。首先，它是人之为人的本性使然。凡理智健全之人，无论贫富贵贱，都有精神信仰的追求，只是所信仰的目标和方式有所不同而已。其次，它赋予人生以意义。人何以活着？为什么而活着？怎样活着才是有意义的？尽管人们的解答不尽相同：有的人为自己而活，有的人为父母和子女而活，有的人为家庭和家族而活，有的人为他人和社会而活，不管你为什么而活，信仰所给予你的必定是一种超越个体自我和狭隘有限的更广阔更崇高的意义。再次，它是维系社会和谐有序的精神基础。民间信仰由于打上了宗教的色彩，因而增添了强烈的神圣感和神秘性，使人顿生敬畏之心和崇拜之情，不敢作出有违社会礼义的行为，这无疑有利于促进社会的和谐和稳定。

（作者系武汉大学马克思主义学院教授、博士生导师）

汉寿县农民专业合作社发展情况调查

■ 谭本仲

近年来，我县立足本地主导产业和特色农品，以促进农民增收为目标，以规范化建设为核心，发挥四个效应，破解四大难题，有力地推动了农民专业合作社持续、快速、健康发展。截至2011年底，全县共注册农民专业合作社219家，入社农户41687户，农户入社率30.1%，其中，入社农户100户以上的合作社有153家，占总数的70%。2011年，全县农民专业合作社经营收入26.7亿元，实现盈余592.7万元，盈余返还393.7万元，成员人均收入7306元，高出非成员1732元。

一、发挥引擎效应，破解农民进入市场之难

在市场经济条件下，农民只有顺应市场、融入市场才能快速增收致富，而家庭承包经营"低、小、散、弱"的痼疾决定了农民与市场往往难以对接，通过农民专业合作社则可以很好地解决这个难题。合作社就像一台强大的引擎，拉动农民快速进入市场。

1.抢抓合作机遇对接市场　在农村，有的农民有技术没有资金，有的有资金没有技术，有的有产品没有销路，有的有销路没有产品，他们希望强强联合，实现优势互补、互利双赢。我们抢抓机遇，因势利导，积极鼓励支持组建农民专业合作社，实现农户之间优势互补和与市场的有效对接。例如，在养猪产业发展上，过去我县多数农民热衷于饲养本地土杂猪，习惯于潲水、米汤、菜根加油糠的养殖模式，技术落后，效益低下。2008年初，自主创业大学生周昌波发起成立了汉寿县华乐昌隆养猪专业合作社，推行优良品种和健康养殖，大力淘汰土杂猪种和老年种猪，着力解决母猪空怀饲料消耗量大的难题，对母猪养殖规模100头以上的20户社员的猪舍进行升级改造，推广生猪养殖零排放技术，大大降低了生产成本，比传统养殖模式增加收益100元/头，2011年合作社成员增加至117户，经营收入1.37亿元。目前，全县养猪专业合作社达7家，入社成

员512户，年经营收入3.19亿元，在合作社的辐射带动下，生猪养殖业实现快速发展。

2.增强合作观念对接市场 汉寿历来享有“中国甲鱼之乡”的美誉，但近年来因养殖户各自为战，汉寿甲鱼一度成为街头巷尾的大路货。为重塑历史辉煌，我们解放思想，更新观念，积极学习借鉴江苏阳澄湖大闸蟹的品牌发展模式，坚持在提升合作上做文章。一是通过合作，打造特色产业。申报了“汉寿甲鱼”地理证明商标，成功入选国家工商总局国家地理商标名录。二是通过合作，推广实用技术。推行健康养殖技术，实行大面积水域低密度放养；集中成员户中3名正副教授、12名工程师，开展稚鳖性别控制技术科研；实施“汉寿甲鱼”提纯复壮工程，计划利用十年时间，解决基因污染问题。三是通过合作，打造优势品牌，形成了“锦鳞香”、“目平湖”系列干制甲鱼、熟食甲鱼、酱板甲鱼等深加工产品。目前，全县21家甲鱼养殖专业合作社组织3500多个农户，养殖甲鱼6万亩，年产值达3.9亿元。

3.创新合作形式对接市场 我县是全国蔬菜生产基地县，有集中连片种植基地5万亩，但一直以来饱受品种不优、鲜菜扎堆上市、销售信息闭塞的困扰，经济效益低下，亩均纯收入在2000元以下。2008年以来，在政府的推动下，主要采取三种形式相继成立了23家合作社，从根本上改变了这种不利局面，一是依托经营能人带动，二是依托龙头企业领办，三是依托种植大户合股。目前，全县蔬菜种植面积达到16.5万亩，总产量29.1万吨，产值超过3亿元，亩均纯收入超过7000元。

二、发挥规模效应，破解农业产业经营之难

农民专业合作社产业化程度高，专业人才多，专业技术强，市场信息灵，有利于实现产业发展由粗放到集约、由零散到规模、由平面扩张到深度拓展的转变，可以有效破解上下游产业之间难链接的困局。

1.围绕优势产业上规模 重点围绕粮油、棉麻、水果、蔬菜、茶叶、牲畜、家禽、水产、林木、花卉十大主导产业，抓组建、抓扩大、抓发展，每个合作社都有一个产业，一个产业至少有一个合作社，通过专业合作社，把大而不强的传统产业逐步打造成现代主导产业。目前，全县已形成优质稻乡24个，花卉

苗木乡6个，蔬菜乡12个，优质水果村154个。

2. 围绕激发活力上规模 一是组建土地股份合作社。针对现代农业发展需求和大多数青壮年外出务工的现状，积极鼓励发展土地股份合作社，实现“土地变股权，农民当股东，收益靠分红。”目前，全县已发展土地股份合作社37家。二是探索资金内部互助。按照县委、县政府“大胆探索、审慎发展”的指导思想，县金穗米业种粮专业合作社开全省先河，开展内部资金互助，并申报组建资金互助社，现有成员321户，筹集股金437万元，200多户成员使用投放资金近700万元。

3. 围绕要素整合上规模 我县瞄准合作社发展基础较好的甲鱼、蔬菜、粮食、油茶四大产业，坚持走专业联合社的发展道路。通过横向一体化，快速实现规模扩张，形成产业合作旗舰，降低成员交易的市场不确定性；通过从厂家规模采购和共同购买技术服务等，降低成本和交易成本，提高销售价格和效益，在更大范围、更高层次实现规模效益。

三、发挥财富效应，破解农民持续增收之难

农民专业合作社在生产经营管理的各个环节把农民从分散的领域和地域中组织起来共同闯市场，共同规避风险，形成财富聚集效应，实现合作社和农户双赢。

1. 加强环节管理，降低生产成本 合作社通过从一级市场采购生产资料配送到成员户，避免了假种子、假农资带来的危害，减少了中间环节，降低了生产成本，提高了市场运转效率，有效地消除了市场风险对农民增收的影响。

2. 延长产业链条，拓宽增收渠道 鼓励专业合作社根据农民需求，在生产、加工、销售等环节开展单项或多项合作，支持有条件的合作社开展一体化经营和深加工，提高农产品附加值。目前，全县有69家合作社在粮食、蔬菜、甲鱼、油茶、棉花、黑杨、生猪等几大产业开展了精深加工。

3. 实施品牌经营，突破瓶颈增收 一是奖励品牌创建。对“三品”认证、驰名商标均给予5万元以内的奖励。目前，全县合作社拥有无公害农产品认证39个、绿色和有机食品认证3个、注册商标29个。二是严格标准化生产。按照“有标贯标、无标制标、缺标补标”的原则，组织农业、林业、畜牧水产等部门制

定甲鱼、粮食、蔬菜、油茶、水产、生猪标准化生产规程，指导、帮助合作社实施。目前，全县合作社建成各类标准化生产基地17万多亩。三是健全产品追溯机制。指导合作社建立生产经营台账，建立健全生产记录制度和农产品质量安全追溯制度，指导成员对生产全过程记录在案，相关部门定期和不定期抽查，有力地促进了生物制剂调节水质和测土配方施肥、施药等标准化健康种养新技术、新方法的广泛采用，生产过程中的有害、有毒物质污染残留得到有效控制。

四、发挥服务效应，破解政策扶持整合之难

农民专业合作社要在资金、人才、科技、市场等方面均存在局限性的情况下做大做强，政府及各职能部门必须加强指导、扶持和服务，形成工作合力。

1. 加强示范创建　我县每年锁定30家产业基础好、经营规模大、质量安全优、品牌效益高、竞争能力强、服务措施全、带动农户多、社会效果好的合作社进行示范创建，实施县级领导办点和有关部门以及乡镇党政主要负责人联点工作机制。县政府建立农民专业合作社发展专项基金，县财政每年拿出100多万元对章程规范、组织健全、制度完善、利益机制联结好、作用发挥明显的农民专业合作社实行以奖代投，并对县、市、省和国家级示范性农民专业合作社分别给予1万、2万、3万和5万元的奖励。同时，发改、财政、农业办、国土、林业、畜牧渔业、水利、农机、供销社等部门进一步整合蔬菜园艺标准园、畜禽养殖标准场、水产健康养殖小区、土地整理、农业产业化、农业综合开发等项目，重点扶持农民专业合作社尤其是示范社建设，农民专业合作示范社创建联点部门每年确保有1~2个额度在10万元以上项目落户专业合作社。

2. 突出环境优化　出台了《农民专业合作社注册登记流程》、《农民专业合作社建设标准》、《汉寿县农民专业合作社财务管理办法（试行）》等一系列规范制度，安排专门指导员全程参与合作社的创建、管理等工作。工商部门为农民专业合作社注册登记开设绿色通道，提供全程法律法规咨询服务等，确保农民专业合作社的设立少走弯路。税务部门严格按照国家有关规定精神，落实免征增值税、增值税一般纳税人从农民专业合作组织购进免税农业产品抵扣增值税进项税额等税收优惠政策。

3. 注重技术培训　采取请进来、走出去的办法，整合省内高校、科研院所、

县委党校、阳光工程等各类培训资源，加强对合作社辅导员和管理人员的培训，每年开展各类培训12场1500人次，为合作社培养了一大批经营管理和生产技术人才。县委、县政府鼓励在职农技人员积极参与兴办农民专业合作社，大中专毕业生到农民专业合作社工作，退职乡干部和在职村干部到农民专业合作社任职或兼职，带动专业合作社健康快速发展。

（作者系湖南省汉寿县委书记）

探索具有湘南地方特色的城乡一体化模式

■ 赵 宇

加快推进城乡一体化，是党的十七届三中全会推进农村改革发展的根本要求，是湖南实施“四化两型”战略、郴州推进“两城”建设的重要举措，也是嘉禾实现科学跨越发展的现实选择。作为全省四个城乡一体化示范县之一，嘉禾的城乡一体化建设在方向上要按照公路变街道、田野变庄园、林地变森林、水体变乐园、村委变社区、村民变居民的目标要求，具体操作中坚持“六同”，闯出一条具有湘南特点、体现地方特色的城乡一体化发展道路。

一、坚持规划同步，引领城乡发展

规划是引领城乡统筹发展的“龙头”。推进城乡一体化，必须坚持规划先行、龙头引领，以城乡同步规划促进城乡一体发展。要整体统筹，全域规划。通盘考虑城乡产业发展和土地综合利用，整体规划全县域696平方公里，科学编制城乡统筹发展总体规划，同步编制县城、乡镇、村庄总体规划，完善各项控规、修建性详规和专项规划，使城乡每一寸土地都列入规划、不留空白，每个项目都有规可依、不留遗憾。要体现特色，提升品味。按照适度超前、特色鲜明的要求，邀请国内一流团队，抓好顶层设计，确保各项规划高起点、高标准、高质量。立足推进城乡融合，从水系到山林、从村庄到乡镇、从发展生产到生态保护等各个层面，抓紧做好专项规划设计，明晰城乡一体发展路线图；围绕打造10万人口以上的山水田园城市，做好县城规划修编，推动县城依山傍水发展。要严格管理，确保权威。坚持“规划一张图、审批一支笔、建设一盘棋”，把规划管理贯穿于事前、事中、事后全过程。强力开展规划专项整治行动，维护规划的严肃性和权威性。

二、坚持建设同体，改善城乡面貌

统筹推进城乡建设、同步改善城乡面貌，是推进城乡一体化的根本途径。

要突出城乡联动、工农互动，重点实施“扩城、强镇、建园、美村、联带”战略，同步推进“中心城区、中心乡镇、工业园区、示范村、示范带”建设，力促城乡一体建设、同步发展。扩城，就是强力推进县城新区开发，加快老城区提质，提升县城人气商气，吸纳环城乡镇融入县城，引导农村人口转移到县城安居乐业，吸引周边县群众前来投资兴业，努力把嘉禾县城建设成为郴永边境区域中心城市。强镇，就是加快以行廊、龙潭、塘村、坦坪、石桥等乡镇为重点的小城镇建设，精心打造一批工业重镇、边贸强镇、旅游旺镇，提升集聚功能和辐射能力，成为连接城乡的重要节点。建园，就是加快以“一园五区”为重点的工业园区建设，建成产业集聚、城镇扩张、人口集中、群众增收的有力平台。美村，就是严格按照“十个有”（有机构、有场地、有规划、有机制、有制度、有标准、有队伍、有产业、有设施、有考核）的要求，集中物力财力，创建一批城乡一体化示范社区和社区村委会。联带，就是全面对接郴资桂“两型社会示范带”，精心打造桂嘉路、嘉蓝路两条城乡一体化示范带，使之成为产业集聚带、生态示范带、城乡一体化样板带。

三、坚持设施同覆，推动城乡互融

基础设施是城乡融合之基。推进城乡一体化，必须把基础设施建设放在优先发展的战略地位，做到城乡基础设施同步完善、全面对接，生态环境同步改善、全境美化，城市有乡村的美景、农村有城市的气息。要全面打通城乡融合之脉。加速推进城乡公交一体化，正式开通13条城乡公交线路，启动京珠复线、厦蓉高速互通至行廊连接线等路网建设，实现城乡交通体系的“高速化”和“公交化”，构建融城多元对接点，全面缩短县域时空距离。加快实施城乡供水一体化、城乡视讯网络改造和新一轮农村电网升级等工程，努力促进基础设施全境贯通。要全域覆盖城乡公益设施。加快农村合格学校建设和城区学校扩容改造，着力解决城区学校太挤、农村学校太弱的问题。加强村级卫生室和乡镇卫生院建设，加快人民医院扩建和中医院搬迁步伐，提升乡镇卫生院和社区卫生所的覆盖面，确保公共卫生设施均衡布局。加强乡镇主题广场、社区小游园、综合文化站和农家书屋、村级文化活动室建设，推动公共文化休闲设施向乡村延伸。要全境优化城乡生态环境。大力实施城乡绿化清洁亮化工程，推动国家卫生县城、湖南省园林县城创建成果向全县延伸，争创“湖南省城乡环境整治十佳县”。绿化攻坚突出“一核、两廊、三线、四大指标、五大公园”建设，重点抓好城区生态圈绿化、通道绿化、水系绿化、园区绿化、矿区绿化、镇村绿化、荒山绿化。城乡清洁按照“村保洁、乡中转、县处理”的要求，配好垃圾筒、垃圾斗（池），建好垃圾中转站和垃圾处理场。

四、坚持发展同向，繁荣城乡经济

同心同向发展是推进城乡一体化的不竭动力。坚持把城镇和农村作为统一的整体，形成以城带乡、以工促农、城乡共荣的发展布局。发展目标要同向。紧扣嘉禾县情，大力实施“1234”战略，努力推动科学跨越发展。“1”就是围绕一个总目标，即建设“湖南城乡一体化示范县”；“2”就是建设桂嘉路、嘉蓝路两条产业集聚带、生态示范带、城乡一体化样板带；“3”就是培育县城新区、坦塘工业园区、郴州（嘉禾）装备制造园区三个经济增长极；“4”就是打造“一都三地”，即江南铸都、锻造基地、流通旺地、民生福地。总体发展上突出“三要”，要显现一个亮点——城乡统筹发展，彰显一个特色——锻铸造产业特色县，构建一个框架——多元多极发展格局。2012年力争全县GDP突破100亿，财政收入突破10亿，实现从低基数上的高增长向高质量上的高增长跨越发展。具体实践要“错位”。围绕“1234”战略，充分发挥乡镇优势，彰显地方特色，做大做强以珠泉、车头等乡镇为主的中心城区板块，以龙潭、袁家等乡镇为主的机械制造板块，以塘村为主的锻造板块，以盘江、广发、田心等乡镇为主的休闲旅游板块，以行廊为主的一体化示范镇板块，以普满等乡镇为主的现代农业板块，以石桥、坦坪等乡镇为主的农产品加工、能源（煤电）板块，推动错位发展、组团发展。

五、坚持保障同效，普惠城乡民生

改善民生是推进城乡一体化的根本价值取向。必须以均衡的理念、统筹的举措来改善民生、保障民本，努力实现城乡居民社会保障同质同效。尽力打造民生财政。切实加大公共投入，确保全县70%以上的新增财力用于民生改善，实施好以“民生100工程”为重点的实事项目，解决好群众最关心、最直接、最现实的利益问题，使民生财政的阳光普照嘉禾大地，惠泽千家万户。大力实施“普惠工程”。全面实施农村居民社会养老保险、被征地农民基本生活保障，积极推进城乡就业、社会救助一体化，推动工伤、生育、养老、医疗、失业“五保合一”，健全以覆盖城乡低收入群体、失地失业群体等为重点的社保体系，逐步实现城乡社会保障应保尽保、全民覆盖。努力促进事业均衡。扎实推进省级教育综合改革试点，促进教育均衡发展。扩大国家基本药物制度覆盖率，实行新农合“10+100”补偿模式，推进基本公共卫生服务均等化。办好红歌会、民歌节，广泛开展送书、送戏下乡和文体联建等活动，让先进文化和城市文明渗透到农村千家万户。

六、坚持管理同治，促进城乡和美

创新社会管理、促进社会和谐，是推进城乡一体化的重要保障。必须顺应城乡大融合、人员大流动、思想大解放的时代潮流，着力构建“党委领导、政府负责、群众参与、城乡同治”的社会管理新格局，力促社会大局和谐、群众生活和美。着力打造农村社区化的管理体系。创新农村社会管理，开展农村社区建设全覆盖创建活动，加强基层政权建设，完善村民自治机制，推进城乡基本公共服务均等化，实现农村管理社区化、农村设施城镇化、农民生活市民化，打造富有现代气息的新农村。着力打造以城带乡的支持体系。充分发挥机关单位的资源优势，推行县级领导“四联四包”、城乡结对共建，促进工作落实，扶持乡村发展。“四联四包”，即联乡包村：每个县级领导、3至4个机关单位，联系一个乡镇、一个新农村建设示范村；联企包项：联系一户规模企业、一个县级重点建设项目；联点包案：联系一批防灾防汛防火重点监控点，一个信访案件；联片包优：联系一个以城乡一体化示范村为中心的片区，包分管的工作创先争优。着力打造覆盖城乡的服务体系。在完善县级政务服务大厅、就业服务大厅、矿产品税费征收大厅、信访诉求处置大厅等四大便民服务大厅功能的基础上，建设乡镇便民服务中心，推动国土、民政、就业、财政、公安等进驻中心集中办公服务；在行政村设立便民服务点，提供代办服务，实现群众办事小事不出村、要事不出乡、大事不出县。着力打造城乡联动的维稳体系。全面推进“六五”普法，挖掘传统民歌民俗文化的当代价值，积极用其化人心、促共识、聚合力。完善“县群众工作部—乡群众工作站—村群众工作组”三级情报信息网络，全面推行“六群”工作法，即群查信访诉求、群排社会隐患、群调矛盾纠纷、群巡重点区域、群控边界秩序、群治违法犯罪，确保情况随时掌控、问题随时解决、隐患及时消除。发挥政法干警主力作用，充分依靠干部夜间巡逻队、综治志愿者队伍等群众力量，形成纠调维稳强大合力，维护全县大局和谐稳定。

（作者系中共湖南省嘉禾县委书记）

做好当前基层矛盾纠纷调处的几点思考

吴明智　饶章鑫

随着沿海产业的不断转移，城乡结构的不断变化，“一体三化”的不断推进，各种利益、思想、观念日趋多元，我们既处于战略机遇期、发展黄金期，也面临问题易发期、矛盾凸显期。孝昌县王店镇是湖北省新农村建设试点，也是省、市多家部门的驻点乡镇，近年来随着发展的不断加快，各种要素不断涌入，人的观念不断变化，维稳压力不断增加。我们在抓好发展第一要务的同时，自觉强化稳定第一责任，切实抓好各类矛盾纠纷的摸排调处，充分做好调前、调中、调后各阶段工作，确保全市、全县北大门稳定平安，为建设和谐孝昌营造了良好的治安环境。

一、调处前要做好“四个第一”

1. 控制第一时间　掌握矛盾纠纷发生的第一时间，争取调处工作的主动，这是一个重要前提。如果第一时间不知晓，对矛盾纠纷缺乏有效的稳控，一旦发酵升级成群体性上访或矛盾冲突，会给调处工作带来更大难度。在这方面我们做到了“三个畅通”。一是渠道畅通。各单位、各村综治维稳信息员要配齐、配强，做到了横到边、纵到底。每半月召开一次维稳形势分析会，信息员及时汇报当地的治安维稳状况，有事快报，特事特报，无事零报。党政领导、驻村干部也经常到村、部门了解情况、解决问题，变上访为下访，时刻多心眼、绷紧弦。二是通讯畅通。综治维稳工作领导小组同志的手机全天候开机，便于随时联络。三是汇报畅通。各村、站组遇到重大突发问题，必须第一时间向维稳领导小组报告，镇领导小组进行初步研究后，如能控制在村、镇的迅速采取措施消化，可能难以控制的，第一时间向县政法委等相关部门汇报，争取上级的重视和支持。

2. 捕捉第一信息　矛盾纠纷发生后，我们及时了解听取矛盾纠纷双方及其他相关人员的意见，对获取的信息认真过滤分析，切忌听取一面之辞或带个人倾向。密切关注网络媒体的动态，党委、政府在信息发布时谨慎，不能随意武断下结论，同时防止别有用心者利用网络媒体把事情放大恶意炒作或发表歪曲言论。2011年5月，镇小学生奶问题发生后，网上有人放大歪曲事实，我们及时请网管员予以引导处理，同时发布事实真相，平息了社会猜忌和恐慌。

3. 赶到第一现场 突发事件发生后，党委、政府领导第一时间赶到第一现场，做好三个方面的工作：一是稳控现场，不让矛盾升级；二是稳控当事人的情绪，做好劝说工作，亮明身份，表明解决问题的态度，让当事人吃一个定心丸；三是动用各方面的资源，疏散围观人群。2011年12月24日，民益村一名7个月的男婴在个人诊所打针后出现异常，当天下午5点，转县一医院急救，经抢救无效死亡，其家属组织50多人准备到医院闹事。得知情况后，镇党委书记、镇长带领相关人员及时赶到一医院，耐心细致地做劝解工作，阐明男婴死亡与一医院无关，向家属明确表态，将派专班人员妥善处理后事。当晚9点多，死者家属同意将婴儿尸体带回家，没有在医院闹事，后来直到处理完毕也没有到镇、县上访。

4. 把准第一矛盾 矛盾纠纷事出有因，作为调解人员一定要冷静思考，号准“脉”、看准病，不能雾里看花，随意判断，找准问题的主要矛盾，牵住牛鼻子才好有的放矢，对症下药。2012年1月，镇区某开发工地发生外地农民工工资纠纷问题，近50名民工到镇、县静坐。我们一是由党政主要领导直接见面，二是请县监察大队来宣讲政策法律，第三也是最重要的，主要领导连夜约谈开发商，在开发商—包工头—民工三方复杂的利益关系中，明确开发商的责任主体，通过反复协商，最终平息事端。

二、调处中要做到“四个细致”

1. 安排细致专班 针对矛盾纠纷的调处，首先要成立一个强有力的工作专班，专班人员除综治领导小组成员单位外，还依据矛盾纠纷涉及的部门和村，把相应的部门、村负责人也纳入专班行列。另外，还把与当事人有特殊关系，能为当事人代言、能说公道话的国家工作人员或社会其他人员也纳入专班行列。2012年2月11日，王店镇河龙村10岁女孩王某在县一医院术后出现异常，后转入省人民医院抢救无效死亡。王某家属情绪激动，从外地赶回，并已印制了上访横幅。镇党委、政府及时派出了由分管政法的副书记、派出所所长、司法所所长、医院院长、河龙村负责人以及与王某有亲戚关系的一名班子成员等6人组成的工作专班，第一时间赶到县医患纠纷调处中心做好相关工作，同时党政主要负责同志多方汇报、沟通、协调，并请与王店人脉丰富、较有权威的县直老同志帮助做工作。经过三天三夜的艰辛努力，该纠纷得以妥善处理，期间没有出现停尸闹丧、集体上访等事情。

2. 制定细致方案　制定一个好的方案，对于处理问题至关重要。研究制定方案要做到三点，一是方案要全面具体，把问题考虑复杂点，切忌把问题简单化。二是方案要正确超前。制定方案要把握好相关的法律、法规、政策，不能越红线、闯红灯，同时方案要有超前意识，做到未雨绸缪。三是方案要有针对性。针对特殊的对象，应有特殊的解决问题的办法，注重人性化，把好一定的尺度。2011年12月，庙下村精神病患者许某年轻力壮，对村民安全造成极大威胁。但其家庭状况复杂，其父涉嫌伤害犯罪待审，其母残疾无劳动能力。我们制定了救治家庭和个人的综合方案，对其父伤害案与对方协商争取谅解，减轻了罪责；对其母纳入低保，并多方予以救助；对许某本人，发动村民捐资救助，现其病情稳定，挽救了一个濒临破裂的家庭。

3. 掌握细致环节　细节决定成败，处理问题过程中，尤其要注重每一个细致环节，不能出丝毫纰漏。处理问题的专班工作人员在说话做事方面一定要慎之又慎，不能让当事人钻空子、抓把柄。同时要密切关注当事人的动向，注意他们的情绪变化、诉求变化、行动变化等，找准突破口，找准结合点，为进一步协调做准备。

4. 解决细致问题　在具体的协调工作中，当事人情绪有时失控，说法做法有些过激。要求我们的专班人员时刻保持冷静清醒的头脑，要竭尽全力想方设法去化解，其中关键的就是要为当事人解决好按政策规定可以解决的问题，不能敷衍、搪塞和回避。河龙村的医患纠纷案例中，当事人王某家庭非常困难，他提到家里办低保问题、办残疾证问题，专班迅速联系民政部门，按照相关政策及时给予答复解决，在专班感化下，当事人王某后来也积极配合协调。

三、调处后要搞好跟踪督办

1. 要落实调解意见 矛盾纠纷双方达成协议后应该说是问题处理的终结，但是，也存在矛盾一方受他人蛊惑煽动，出现“反悔”或私自“毁约”现象。这就要求工作专班要坚持原则，督促调解意见的落实，坚决维护协议的权威，稍有松动，将会后患无穷。

2. 要监控调解成效 问题调解后，往往还有很多后续的事情，如当时没有执行到位的问题，须报上级部门批准办理的问题，当事人提出诉求一时不能解决的问题等。这就要求专班人员要继续搞好跟踪督办，搞好进一步调解，直至问题得以最终最妥善的解决。

3. 要总结调解得失 矛盾纠纷调处是一项重要的中心工作，更是一项长期艰巨的政治任务。每一个问题的处理是对维护社会稳定作出的一个贡献，更是对当地党委、政府执政能力的检验。每一个问题都既有鲜明的个性，也有一定的共性，处理中既不能完全照搬照套犯经验主义毛病，也不能片面孤立解决。这就要求我们注重总结得失，分析成败利弊，不断积累社会管理的经验和教训，增强驾驭复杂局势的能力，为今后抓好维稳工作奠定基础。

（作者吴明智系中共湖北省孝昌县王店镇党委书记，饶章鑫系王店镇镇长）

如何建设新型农村社区

■ 魏垂敬

新型农村社区是指由聚居在一定地域范围内的农村居民所组成的社会生活共同体。所谓“新型”，是较传统村落而言的。新型农村社区既保持农村的田园风光，又有别于“布点散、面积大、标准低”的传统居住方式。

农村新型社区与传统村落有很多相同之处。地理风貌上都是农村，都具有田园风光；都是农民参与各种社会生活的基本场所；农村居民仍是农村社区的主体；血亲、姻亲、邻里关系仍是农村社区和村落的联系纽带，邻里关系也是农村社区和村落中重要的人际关系。

同时，两者也存在一定的差异。（见表1）

表1　传统村落与农村新型社区的区别

	传统村落	农村新型社区
布局	分散、无序。	集中、有序。
占地	户均村体面积（村体总面积除以总户数）大，近年空心村现象严重。	户均村体面积小。
居住	居住散漫，缺少基础设施配套；邻里之间因房屋的高低宽窄不一导致不和的情况占农户间矛盾总数的一多半。	居住紧凑，基础设施配套齐全；村庄融合，社区化管理。
环境	近年村内坑塘乱丢垃圾，“脏乱差”现象严重。	环境优美，生态良好。
功能	服务功能较弱。	服务和管理功能都较强。

一、建设新型农村社区是城乡一体化的关键举措

城乡一体化到底怎么化？十二五规划提出，“统筹城乡发展规划，促进城乡基础设施、公共服务、社会管理一体化。”即，在基础设施、公共服务、社会管理等方面搞城乡一体化。城乡一体化的落脚点在哪里？基础设施、公共服务、

社会管理等方面的一体化，需要在农民群众生活的家园——新型农村社区上实施。所以城乡一体化的重要落脚点在于建设新型农村社区。建设新型农村社区既能解决农村的硬件建设——盖房修路、建公共服务设施、搞绿化美化等，还能解决农村的软件建设——以“村民自治”为核心内容的农村社会建设和管理。建设新型农村社区是城乡一体化的关键举措。

当下，建设新型农村社区恰逢其时。以江苏省为例。苏北农民20世纪八九十年代建设了一层砖木瓦房，二十多年后，农民的第二轮新房建设高潮已经来临：农民有需求——农民收入的增加、农户经济实力的增强，农民改善居住生活条件、农民有钱就建房是多少年来不争的事实；农民有能力——及时规划，引导农民自己动手建设美好家园；政府有责任——2011年10月，江苏全省启动“美好城乡建设行动”，也为新型农村社区建设提供了良好的契机；政府有举措——新型农村社区建设条件成熟，恰逢其时，政府应适时引导，时机不容错过。

二、建设新型农村社区需坚持三个原则

1. 政府引导、群众自建、社会共助

以人为本的科学发展观在农村新型社区建设中的体现，就是要不断实现好、维护好、发展好最广大农民群众的根本利益，就是要相信农民、依靠农民，充分发挥农民的主体作用。广大农民群众是农村新型社区建设的主体，必须尊重农民意愿，保障农民基本权益。

建设新型农村社区的总体实施路径是“政府引导、群众自建、社会共助”。就是在政府进行规划设计、政府和社会共同给予基础设施投入等方面的扶持引导中，通过县指导、镇推动、村落实，尊重农民的意愿和首创精神，突出农民的主体地位，农民的事情农民办，农户能够自己做的自己做，能够联合做的联合做；政府和村“两委”不应包办，应放手引导农户民主理财、自我管理，引导农民自愿、积极、有序地建设农村新型社区。

2. 因地制宜，量力而行

在基础和条件上，要区分情况，有计划、有步骤地逐步推进农村新型社区建设，不搞一刀切。条件好的地方，结合现有工作基础，进一步丰富和拓展建

设项目，全面开展社区建设；条件不完全具备的地方，可以有选择性地开展，例如可以从群众最需要、最认同的环境卫生整治做起，逐步动起来。

规划建设要突出乡土风情，彰显农村特色，体现农村历史文化和传统习俗，努力形成“一社区一特色”的农村风貌。在区域分布上，城中村、城郊村、镇中村、镇郊村纳入城镇总体规划进行建设；工矿区的村庄纳入工矿区的总体规划进行建设；数量众多的、以农业生产为主的村庄，要根据当地的生产方式来决定农民的居住生活方式，居住生活方式一定要与生产方式相适应，否则就会阻碍农村生产力的发展。具体而言，纳入城镇和工矿区总体规划的村庄，鼓励建设四层及以上的多层楼房；以农业生产为主的村庄，宜建设三层及以下的低层新房。

3. 试点先行，形成氛围

要优先选择产业基础较好、管理机制健全、群众积极性高的村庄先行试点，因地制宜、因村施策，规范程序、细致操作，确保建成精品工程、“百年社区”。对先行试点工作中好的经验和做法要认真总结，摸索经验。试点工作中要充分尊重农民的首创精神，突出地方特色，创造性地开展工作。对于一些带有规律性、方向性的做法，要及时予以指导、推广和完善。

要宣传发动，形成氛围，不断深化群众对新型农村社区的认识，引导群众自觉主动投入到新型农村社区建设。充分运用广播、电视、报纸等媒体，采取走村串户等多种方式对广大农民进行耐心细致的深入宣传，在宣传中使农民心里有了大致的规划蓝图，在规划蓝图中让农民充分讨论，在讨论中让农民动起来，形成大家齐动手共同建设新社区的浓厚氛围。

三、建设新型农村社区需注重三个结合

1. 新型农村社区建设与产业发展相结合

推进统筹城乡发展的关键在繁荣农村，繁荣农村的关键在农民增收，农民增收的重要途径在发展产业。产业的发展可以给农民的社区新生活提供可靠的物质保障，同时新型农村社区建设又可以为转变农村发展方式、继而促进产业的发展提供大好机遇。在加强新型农村社区规划的过程中，要统筹考虑产业规划，加强“一村一品”建设。

在人口集中居住的过程中，引导农户“依法、自愿、有偿”流转土地，发展适度规模经营，走农业园区化之路。粮食生产区，发展产量高、工作效率高的机械化大农业。“鸭棚、菜棚、菌棚”生产区，发展劳动密集型、增值高的园艺小农业。同时引导富余劳动力搞农产品加工、运输、销售等等，拉长做粗农产品产业链，增加农产品的附加值。宜农则农，宜工则工，宜商则商，宜游则游，让农民充分发挥其能力，变成现代化、职业化的新型农民，真正让农民的钱袋子鼓起来。

2. 新型农村社区建设与村民自治相结合

村民自治是具有中国特色的基层民主政治制度，要把新型农村社区建设作为推动农村基层民主政治建设的重要平台和载体。政府和村“两委”要让农民全过程参与新型农村社区规划的酝酿、讨论、审核和实施，要引导农民自主建设、自主理财、自主管理，全方位参与新型农村社区的基础设施、经济、文化和政治建设。农民在积极参与过程中，其知情权、话语权、主人翁意识将得到增强。农民迁居新社区以后，精神面貌和社区治理结构都会发生变化，有利于推进基层民主政治的发展和社会稳定。这些都将为新型农村社区建成后的健康可持续运转打下重要基础。

3. 新型农村社区建设与城镇建设相结合

在建设新型农村社区的过程中，要采取各种鼓励措施吸引不再以农业生产为主的农户到县城区、到镇区落户居住，促进农民到城镇居住的转化。同时，通过引导吸引城镇的闲散资金投资到农业和农村新社区建设，促进城镇资源和要素向农村转移。新型农村社区建设与城镇建设是统筹城乡发展过程中并驾齐驱、互促互动的两只轮子，实施双轮驱动是城乡一体化发展的必然要求。

（作者单位：江苏省沛县人民政府研究室）

加强村级班子建设的实践与思考

■ 于怀州

基层干部工作在农村一线，是干群联系的桥梁和纽带，是带领党员群众加快农村经济发展的助推剂、是全面建设小康社会的践行者。加强村级班子建设是当前农村各项工作的重中之重。建设高素质村级班子队伍是加强农村基层党建、推进新农村建设、统筹城乡发展的关键所在。

一、大昌村村级班子建设现状

以我村为例，我村共有党员56个，村干6名，其中村支书27岁（省聘大学生村官），村主任37岁（镇农业服务中心副主任下派到村），村会计41岁，副支书50岁，民兵营长43岁，镇聘大学生村官25岁。可以说我村有一个老、中、青科学搭配，配置合理，运转状态好的一个班子。但是由于新班子刚刚搭建，有待进一步磨合。村干部出现的问题主要体现在以下几方面：

一是村干部之间交流受到制约。由于受传统思维影响，一些村干部喜欢说三道四，拿东家长西家短来说。作为支书要有决断力，要将村干部之间的一些误解、矛盾及时钝化，但真正将班子成员团结在一起比较难。

二是村干部综合素质不均衡。我村“三大员”支书本科学历，主任大专，会计高中生。总的来说村干部文化程度不高，法律意识、自我约束能力不强。有的思路不广、办法不多，真正把矛盾和问题解决在基层一线的能力还不够强，有的经营意识、竞争意识、风险意识不强等。

三是村干部后备力量不足。大部分年轻人都外出打工了，农村进一步出现人才断层现象，特别是村一级组织，就拿我镇来说村干部平均年龄超过46岁，后备年轻干部不足现象尤为突出。

二、加强村级班子建设的对策与建议

（一）选好领头雁，选优配强村级班子

村级组织建设要拓宽选人用人视野，选优配强村级班子。一是要拓宽选人渠道。从高校选派一批素质好、有培养前途的干部去村任职。二是从当地乡镇事业单位选派青年干部充实村级班子。三是从种养大户、致富能手、退伍军人和大中专毕业生中选拔素质高、能力强、有奉献精神的年轻党员进入村级班子。四是提高选人质量。按照“公开、公正、平等、竞争、择优”的原则，使那些政治素质好、带领群众致富能力强的农村能人进入村级班子，解决好村级班子后继乏人的问题。

（二）增强办事效率，建立健全工作机制

做好农村工作，必须整合各种资源，健全和完善各项工作机制。一是加强村务公开工作。把加强推进村务公开工作作为保民生、保稳定、促发展、促和谐的重要举措来抓，使村务公开工作促进党群关系更加融洽、党风廉政建设更好推进、社会大局更加稳定。二是建立目标管理机制。完善村干部岗位责任制、述职述廉制度、村级组织任期目标责任制等，进一步强化村干责任感和事业心。三是规范村级管理职能。通过建立健全村“两委”成员议事制度、村委会向村党组织报告工作制度、村“两委”议事规则等，进一步规范村党支部和村委会的职权。四是建立监督约束机制。认真落实村干部述职述廉、干部离任审计、村账镇管、“一事一议”等制度。把“上促”与“下督”有机结合，努力营造创先争优的良好氛围。

（三）增强学习主动性，提升服务水平

一是加强干部培训。充分利用周末课堂和现代远程教育等手段，使村级班子成为科学发展观的实践者、勤劳致富的先行者。二是推进继续教育。组织年轻村干部参加学历培训，不断提高村干部的专业知识和理论水平，以适应新农村建设的需要。三是探索实践锻炼。采取挑选村干部到乡镇、企业和机关挂职，村与村交流任职，到发达地区学习等方式，不断开阔村干部的视野，培养解决问题的能力和驾驭全局的能力。

（四）实施爱心工程，营造良好工作氛围

基层干部很苦，事情很多，工作很复杂，报酬很低，生活质量很差，如何激发他们干事创业的热情是摆在我们面前的一个现实话题。要营造重视、关怀、爱护村干部的浓厚氛围，创造良好环境。一是营造良好的发展环境。找准适合本村发展的路子。对有一定工业基础的村，要进一步加大招商引资力度，以工哺农，以工富村；对有一定资源的村，要进一步盘活资源，通过“公司+基地+农户”的经营模式，实现村集体经济与农民收入“双赢”。二是营造良好的舆论环境。通过媒介大力宣传村干部中的先进典型和优秀分子，使其他村干部学有榜样，赶有目标，干有劲头。营造“人人支持村干部干事，个个村干部想干事”的良好氛围。

新形势下进一步加强村级班子建设，是全国各地普遍面临的一个重大课题。各地村级班子建设，既有共性也有自身的个性。只要我们从实际出发，积极大胆探索与实践，就一定能找出一条适合各村班子建设的新路子，不断提高村级班子的执行力，推进农村各项事业又好又快发展。

（作者系江苏省高邮市界首镇大昌村支部书记）

农民专业合作社发展的调查思考

■ 张君生

农民专业合作社的建立和发展，是新阶段农业和农村经济适应市场经济要求的必然产物，对带动农业结构战略性调整和提高农产品市场竞争力以及增加农民收入发挥着越来越重要的作用。为进一步探索发展农民专业合作社的经验和存在问题，笔者对我国西南地区某九十多万人的农业大县进行了调查。

一、农民专业合作社发展现状

近年来，该县充分认识到农民专业合作社是引导农民进入市场的有效载体，在发展过程中，出台了简化办照手续、融资扶持和表彰制度等一系列措施，建立农户承包、区域连片、专业合作一体化经营模式和“民办、民管、民受益”的运行机制，提高农民合作经营的素质。通过实验，实现了全县香蕉、生猪等种养农民专业合作社走向专业化、优质化和规模化经营，增强了农民整体进入市场的能力，初步达到农民增收的目的。

目前该县在工商部门注册登记的农民专业合作社有50家，拥有会员5115人，注册资金2829.19万元。其中：种植类18家，占36%；养殖类13家，占26%；加工类2家，占4%；农机服务类13家，占26%；其他经纪服务类4家，占8%。在组织类型上分为：农村经济能人牵头型、农村社区集体组织型、依靠龙头企业带动型、农技推广机构领办型。

从调查情况来看，该县农民专业合作社主要呈现以下几个特点：

1. 农民专业合作社发展与产业关联度大 全县农民专业合作社发展紧紧围绕蔬菜、生猪等地方优势特色产业进行，如黄瓜产业发展了福旺绿之园食品专业合作社，生猪产业发展了某镇永盛生猪养殖专业合作社，香蕉产业发展了白石水香蕉试组培育苗专业合作社。

2. 农民专业合作社组建主体呈多元化格局 从调查看，农村能人牵头型、农民自愿联合的合作社较多，也切合实际，得到入社社员的支持，凝聚力较强。

3. 农民专业合作社章程制度、机构设置等不断规范和提高 行业主管部门及时要求专业合作社根据《中华人民共和国农民专业合作社法》和《农民专业合作社示范章程》等法规建立相应的章程和制度，并进行了监督，社员权利得到较好保障。

4. 农民专业合作社的带动能力不断增强 通过切合各乡镇实际的各种类型的专业合作社的发展带动，在技术服务、物资采购、产品购销等方面进行了有效探索，初步形成了产业推动合作、合作推动产业，两者相互促进。

全县50家农民专业合作社的注册资金合计达2829.19万元，平均每家56.58万元。尽管如此，并不说明这些合作社有运作资金的实际能力。农民专业合作社的资金，目前大多是以合作社成立时的主要成员或大股东社员入股为主，股金一般由理事会实行民主管理，主要用于为社员代购农用生产资料、收购、经销和加工农产品等，因为股金非常有限，所以合作社的资金基本不会对外服务，更不会对外放贷。由于没有有效的抵押资产，目前全县的农民合作社基本未能得到金融机构的直接贷款支持，但有少数合作社的主要股东从银行贷到资金后(主要通过信用社获得3万元的信用贷款)，入股参与经营。

二、农民专业合作社发展存在的问题

1. 规模偏小，组织化程度较低 全县农民专业合作社50家，入社社员仅5115人。导致其自身经济实力较弱，竞争力不强，多数农民专业合作社再生产和流动资金接续不上，未形成规模化的实力。

2. 缺乏管理和技术型人才，持续发展能力较差 全县农民专业合作社的牵头人大多是一些农村经济能人和专业户，多数属于传统农民，学历不高，缺乏专业知识。加上农业是弱势产业，许多专业和技术人员并不愿意投身其中，因此缺乏专门的管理人才和技术骨干，此外在技术上也存在着不少制约，由于缺乏相应的技术指导，大部分专业合作社无能力实施标准化生产，直接影响到市场竞争力的提高，制约自身的发展。

3. 组织化程度有待提高，内部机制欠完善 目前大部分专业合作社的经济实力、组织规模较小，相关的管理章程和财务制度未能切合实际，且透明度不高；入社的农户很少关心专业合作社的运营情况，对组建专业合作社缺乏热情。

4. 社会支持合力未形成，发展受制约 (1) 财政补贴和扶助存在贫富不均、覆盖面小、向上争取支持竞争激烈等状况，部分财政支持信息不够透明。(2) 由于农民专业合作社缺乏相关政策支持和应有的制度环境保护、规模小和稳定性差，一些工商企业宁愿与县乡政府签订合同，也不愿与农民专业合作社签订协议，严重影响了农民专业合作社的市场运作和经营效益。(3) 权益得不到保障。由于没有明确的法律地位，在发生侵权和纠纷时，农民专业合作社的利益得不到法律保护，严重影响其生存和发展。

5. 金融支持力度不足，农民专业合作社贷款困难的原因主要是没有抵押物 主要是农民专业合作社（包括社员和会员）的抵押物不符合金融机构的贷款要求，《中华人民共和国农民专业合作社法》相关金融支持未具实际操作性，目前农民专业合作社对资金的需求量还是很大的，资金缺口严重制约了生产经营和加工，比如某镇绿之园食品专业合作社，加工出来的黄瓜皮质量很好，市场销路不错，但由于资金困难，厂房建设和加工设备一直未能得到完善解决，加工断断续续，很不正常，规模很难再上新台阶。

三、形成支持合力加快农民专业合作社发展

1. 提高认识，加强指导，打造完善有效的服务体系 (1) 地方政府及其相关部门要提高思想认识，重视培育和发展农民专业合作社，树立“扶持农民专业合作社就是扶持农民促进增收”的思想观念。(2) 各级政府及有关部门要制定管理办法，改善服务态度，帮助解决农民专业合作社发展中遇到的问题，在加强业务指导、开展技术培训、提供政策咨询和搜集市场信息等方面提供优质服务，全力促进农民专业合作社的发展。并在扶持政策上要宽松，不能急于求成，更不能下指标、搞运动，要引导不参与、鼓励不包办、扶持不干预，要注重培育好的典型，发挥其示范和引导作用；在资金扶持方面，要适度放宽和简化手续，积极探索农村土地使用权抵押扶持、小额扶持等多种扶持方式；在扶持范围方面，要帮助农民专业合作社加强基础设施建设，引进消化农产品新品种和技术，扩大农产品的储备和生产能力，增强抗御自然和市场风险的能力。

2. 健全各项制度，规范内部运行机制建设，提供信息透明度，增加凝聚力

和吸引力 (1) 贯彻落实《中华人民共和国农民专业合作社法》和《农民专业合作社示范章程》，切合实际健全相关管理，制定各项规章制度。(2) 健全财务制度，无论农民专业合作社大小，必须设立财务规范制度，聘任会计出纳，实行民主理财，定期公布财务收支账目。(3) 健全收益分配制度，按照资本报酬有限和惠顾者返还原则，兼顾投资者与生产者双方的利益，实行投资分红和按交易量返还相结合。(4) 健全内部民主管理制度，按照《农民专业合作社示范章程》规定，建立成员代表大会、理事会和监事会制度，完善内部决策机制。

3. 加强培训宣传，提高社员素质，提高农民专业合作社的社会知名度 把对农民专业合作社成员的培训纳入统一培训规划，安排一定经费，分层次对基层干部、农民进行培训，提高广大农民的整体素质，同时利用广播、电视等媒体加大宣传力度，推介先进典型，在全社会形成鼓励支持农民专业合作社发展的良好氛围和舆论环境。

4. 加大扶持力度，落实优惠政策，各项财政补贴及时足额到位 (1) 加大财政资金扶持，建议各级财政设立专项资金扶持农民专业合作社的基础建设，以增加农民专业合作社市场竞争力和对社员的服务能力。(2) 国家拨出专项款项设立专项信贷支持资金，基层信用社等配套一定比例的信贷资金解决农民专业合作社发展的资金问题，同时要进一步改善对农民专业合作社的金融服务，大力开展联保信贷，提供适用金融产品与工具。(3) 落实税收优惠政策，农民专业合作社销售自产自销的农产品和初加工的农产品免征增值税，对农民专业合作社为农业生产提供产前、产中和产后服务取得的收益免征所得税等。

5. 出台与《中华人民共和国农民专业合作社法》配套的金融支持操作规程，促使金融机构大力支持农民专业合作社的有序发展 (1) 加大政策性金融支持，创新服务模式，彻底改变“扶强不扶弱”的倾向，落实好国家对农民专业合作社的金融扶持政策；(2) 重新确立风险评估机制，建立适应新时代农村发展的信用评估体系，既要降低贷款风险，也要进一步降低农民专业合作社的贷款门槛，简化贷款手续，切实解决农民专业合作社没有实物抵押的问题；(3) 加强金融支持力度，拓宽扶持面。相对于目前国家商业银行偏重扶强扶工的现状，农村金融服务机构中，扶弱扶农的信贷资金还是很少，有僧多粥少的感觉，建议国家继续增加对农业农民的贷款支持力度，基层农村金融服务机构要重点扶持想干事的农民专业合作社，为农村经济发展注入活力。

（作者单位：中国人民银行浦北县支行）

村民主理财小组咋理财

胡克训

民主理财是村集体经济组织成员对本集体经济组织的财务经济活动进行民主管理、民主决策、民主监督的过程，是保证农民群众依法行使民主权利，管理村内公共事务和公益事业，对干部实行民主监督的一种有效形式，是村级财务管理的重要内容。目前民主理财主要是由民主理财小组按照有关法规、政策，代表村集体经济组织成员实施。村民委员会换届以后，各村就必须马上开始选出本村的民主理财小组，对村级组织财务收支进行监督。那么，作为村级组织，怎样才能充分发挥好村民主理财小组作用理好村集体财务呢？笔者认为，需处理好以下几个方面的问题。

一、处理好民主理财组织建设问题

健全的民主理财组织是搞好民主理财的首要前提。民主理财小组是由村民会议或村民代表会议选举产生的，对农村基层组织财务活动实行民主管理和监督的群众性组织，是一种监督机构，既非管理机构，也非决策机构。一要注意把握小组成员的人数和条件。依据每一个村村民人数的多少，民主理财小组一般应掌握在3~5名为宜。民主理财小组成员应具备的条件是：热爱集体，热心于集体事业，关心村集体的经济事务，公道正派，有一定的议事能力，具备相应的财务管理知识和经验。二要注意把握选举程序。按照中共中央办公厅、国务院办公厅《关于健全和完善村务公开和民主管理制度的意见》要求，民主理财小组要由村民会议或村民代表会议从村务公开监督小组成员中推选产生，并经2/3以上村民或村民代表通过方可当选，组长一般由小组成员选举产生。民主理财小组及其成员选举产生后，要及时向全体村民公布，并报乡镇主管部门备案。三要保证民主理财小组的任职期限。民主理财小组及其成员任职期限应和村支两委任期一致，可以连选连任。四要保证民主理财小组正常履行职责。村级民主理财小组要做到“五有四保证”。“五有”即有健全的组织、有明确的职责、有完善的制度、有经常性的活动、有原始活动记录。“四保证”就是：保证组织成员由群众民主选举产生，不准由村干部指定；保证组织成员的代表性，不准村主要干部及其亲属在这些组织中兼职；保证其行使职能的独立性和民主性，不准横加干涉；保证组织的稳定性，不准村干部擅自撤换组织的成员。对于不履行职责的成员，村民会议或村民代表会议有权罢免其资格。

二、处理好理财小组成员的素质问题

高素质的村民主理财小组成员是搞好民主理财的重要基础。村民主理财小组成员应具备的基本素质有四条：一要思想道德品质好，能坚持正义，并熟悉国家有关的农村政策，有一定的议事能力；二要具有一定的文化程度，熟悉基本财会业务；三要遵纪守法，为人正派，清正廉洁，办事公正，原则性强，在群众中有较高威信；四要身体健康，热心集体事业，乐于为村民服务。因此，要定期组织理财小组成员培训。一方面，要不断对民主理财小组成员进行“充电”，以保证他们的综合素质稳定提高，充分发挥其监督作用。另外，民主理财小组成员要自觉接受有关部门的业务指导，并积极参加有关部门组织的政策和业务知识培训，进一步提高自身的政策水平和业务技能，真正达到懂财务、会看账、能监督，使之成为农村财务监管的行家能手；另一方面，要加强政治思想教育，客观公正地开展民主理财工作。首先，要提高民主理财小组成员的政治思想觉悟，组织其认真学习掌握国家新出台的方针、政策和有关法律、法规，提高政治理论水平，以保持思想的先进性。其次，要教育民主理财小组成员端正工作态度，增强工作责任心，坚持原则，作风正派，办事公道，并敢于同违法乱纪、徇私舞弊行为作斗争。民主理财小组成员要坚持从维护集体利益出发，正确行使职权，接受村党支部的统一领导，不得超越职权，借民主理财之机，妨碍、影响财务管理工作和经济活动的正常开展。既不能故意中伤干部，又不能放弃原则，应实事求是地指出和反映存在的问题。

三、处理好民主理财小组的职责与权限问题

明确民主理财小组的职责是实现村民民主管理和民主监督的有效保障。依据有关政策、法律和规定，要真正赋予民主理财小组以下四个方面的权利：

(1) 对村级经济事务的知情权。主要包括：①享有村民会议或村民代表会议讨论通过的重大经济事项的知情权；②享有对村集体收入状况如发包及上交收入、集体统一经营收入、“一事一议”资金收入、土地补偿费、上级拨款以及其他各项收入的知情权；③享有对村集体资产和资源的出售、租赁、发包以及工程项目投标等方面的知情权。

(2) 对村集体财务计划和财务管理制度的参与权。参与制定本村集体的财务计划，如财务收支计划、固定资产构建计划、兴办企业及资源开发投资计划、“一事一议”筹资筹劳计划等，参与制定各项财务管理制度，以便于对计划、制度的执行情况的监督。

(3) 对财务运行情况的监督权。享有对村级经济决策的执行情况、集体收入与支出情况以及集体资产（资源）发包、工程项目投标等各方面的监督权；享有对包括生产性、公益性、村干部工资奖金、误工人员补贴、办公经费、救济扶贫以及其他各项支出的入账前监督和审核把关的权力，有权接受村民委托，查阅、审核村集体财务账目，对村民质疑的财务问题，有权要求有关当事人作出必要的解释。

(4) 对经济事务的民主决策权。有权依据绝大多数村民的意愿，对村级各项经济事务进行民主决策，防止和杜绝少数人说了算。在此基础上享有对本村集体各种不合理开支的否决权，当事人对否决有异议的，可提交村民会议或村民代表会议讨论决定。

四、处理好理财小组的活动程序问题

规范理财活动程序是搞好民主理财的基本要求。村民理财小组要有专门的议事规则，并形成制度。民主理财工作的程序为：事前参与、事中监督、事后检查。具体来讲，村民主理财小组在村党支部领导下开展民主理财活动。

第一，在上年底或当年初由村支部书记组织，召开村民主理财小组全体成

员、全体村干部及会计等相关人员，对下年财务计划、上年财务制度的执行情况进行民主活动。

第二，在每月末或每季末，由村党支部书记组织，召集民主理财小组全体成员及村委会主任、会计等有关人员，进行日常民主理财活动，处理群众对上一期财务和经济活动情况的反映意见，并制定整改意见；对本期收支情况进行讨论审核；对下一期的财务收支计划和经济活动进行讨论议定。重要财务事项应随时发生随时理财。审核结束后，民主理财小组组长要将活动内容记录在《民主理财记录簿》上，并由理财小组全体成员在记录上签章。最后按照财务公开的程序进行公开，接受群众监督。理财时要注意做到“五防”：防止只重视理支出，忽视理收入；防止只重视理票据，忽视理账本；防止只重视理现金存款，忽视理用工往来；防止只重视理已入账的收支，忽视悬在账外的收支；防止只重视当期财务收支实绩，忽视下期财务收支计划等现象。

五、处理好理财意见的落实问题

切实抓好理财小组成员意见的处理落实是搞好民主理财的关键。对于村民主理财小组提出的意见和理财剔除的票据要认真落实。一是支出单据手续不完备的，退回责任人补办。包括无开支事由、无经手人签字、无开票单位盖章等；二是支出单据不合理的，退回责任人纠正。其中包括虚报支出、夸大支出等；三是支出前不经程序批准的，退回责任人个人负担；四是无正当理由，支出超过规定标准的，退回超标部分，只报销符合规定部分；五是支出无正规发票的，退回责任人，不予报销；六是支出未经民主理财小组审理通过或张榜公开后群众有意见的，退回责任人个人负担。对于村民代表提出的意见建议要逐条落实，并将落实结果形成书面材料在下次理财时公布。

六、处理好督查考核问题

强化督查考核是搞好民主理财的重要保证。乡镇主管部门要下村督查，指导村民主理财小组按时按要求有序开展民主理财活动，确保理财活动达到“两全两高”的要求。“两全”：一是参加理财的代表人数要全，二是理财的内容要全；“两高”：一是问题处理落实率要高，二是代表测评满意率高。并将“两全两高”的结果纳入村组干部岗位责任制考核，促进农村民主理财活动有序地开展。同时一定要避免出现两种倾向：一种是什么都行的倾向，表现为不管发生的经济事项是否合理合法都通过，二是掺杂主观因素的倾向，所发生的经济事项即使合理合法也不通过。

（作者单位：湖北省保康县财政局）

整顿农村食品市场的建议

郑瑞同

随着市场经济的蓬勃发展和新农村建设的推进，农村食品市场日益繁荣活跃起来，各种农村杂食店、小超市、小卖部、饮食小摊、小集贸市场、小加工作坊促进了农村的经济繁荣，在极大方便广大农民群众的同时，一些不容忽视的食品安全隐患也充分暴露出来，威胁着群众的身体健康甚至生命安全，成为党和政府以及社会关注的焦点。据一份由专家调研团队公布的调查报告显示，相比城市较为健全的食品安全监管网络，广大农村地区因销售网点分布零散、流动性强、监管力度弱、监管有盲区，导致食品问题频发，给农村消费者带来极大的安全隐患。随着市场准入制度和城市监管的日趋严格，劣质有害食品进入城市正规商场、超市出现困难，由于乡镇食品监管分散，劣质食品经销商纷纷转移目标，将小食品推向农村，一时间，农村成为问题食品的集散地。因此，强化农村食品安全监管工作已成为各级政府和职能部门刻不容缓的任务。

笔者经过调查发现，目前，农村食品市场主要存在以下弊端。

农村食品生产经营户普遍缺乏必要的食品安全意识。农村食品生产经营户点多面广，素质良莠不齐，很多经营户缺乏必要的食品安全意识，进货只注重价格不注重质量，更不重视索票索证，不注重进货渠道是否合法。个别商户法律意识淡薄，缺乏守法经营观念，只求经济利益，不管商品质量，甚至为了获取高额利润故意制售假冒伪劣食品。此外，农村的餐饮店厨房大都临街而设，没有防尘防蝇防鼠的“三防”设施，成品菜及佐料露天摆放；有的没有执行严格的消毒制度，从业人员也没有经过体检就上岗等。

农民食品安全意识淡薄。农村地区经济发展相对滞后，农民收入不高。广大农民缺乏必要的食品安全知识，不懂得如何鉴别食物是否含有添加色素、蔬菜的农药残留等，农民群众购买食品较多关注价格和分量，较少考虑健康因素，对购买的食品是否是正规合格企业产品、是否过量使用色素、防腐剂等添加剂，以及是否符合食品安全相关强制性标准等往往不够重视，甚至有的人连生产日期、保质期都不看，这就为劣质产品流向农村市场以及一些脏、乱、差的地下小作坊的生存创造了条件。一些厂家为了自己的利益，往往把检验不合格的产品，以便宜的价钱销往农村。此外，在农村，一些地下小作坊往往无证无照，卫生条件差，由于价格低廉，专门针对农村市场生产销售。再加之农村地域广阔，点多面广，监管不力，不少“三无产品”就这样被销售到了农民手中。农村群众的自我权益保护意识较差，遇到自身权益受到侵害时，不知道用法律武器来保护自己。有的农村离申诉、投诉地点远，往返费用和检测、鉴定费用较高，有的农村群众不愿维护权益。

政府部门缺乏对农村食品市场的有效安全监管。一是农村食品安全监管困难。农村地域广大，食品生产、经营户比较分散，食品安全监管部门进行全面监管检查困难，对农村季节性无证食品生产加工小作坊、流动食品小贩、边远地区无证食品生产、经营户、餐饮店等监管不到位或缺乏有效监管，加之监管部门在执法过程中，考虑到农村小摊贩、小餐饮店的业主的生存问题和维护社会稳定，往往不能严格依法取缔或罚款，导致假劣食品“转战”农村市场。二是监管部门食品检测设施不足。各地食品安全监管部门的检测设备设施配备不完善，有些乡镇检测站、所缺乏检测设备，检测手段较为简单，有的仅凭眼观、手摸对食品进行检查，检测效果不理想，特别是对于食品添加剂、成分含量是否符合要求，卫生指标是否合格等无法检测，导致一些影响食品安全的问题不能得到有效监测。三是农村食品流通体系不健全。由于农村消费能力薄弱，利润微薄，一些正规超市不愿进驻农村，农村流通领域经销食品的经营主体主要为集贸市场、个体副食品商店、小食品批发部等，上架销售的食品、商品极为低档，店主在进货时也往往顺应农村消费畸形需求，假劣食品混迹其中，低级的市场流转为假冒伪劣食品的存在提供了温床。同时由于农村食品销售流转速度较慢、周期过长，变质过期成了农村食品的常态。

为切实加强对农村食品市场的整治，营造让百姓放心的饮食环境，笔者建议构建四道农村食品安全防护网，筑牢农村食品安全“防火墙”。

构建农村食品安全体系网　各级政府要加大对农村食品安全的投入，建立起市、县、乡、村四级领导的工作体系，把食品安全监管工作纳入各级政府工作职能考核内容，各县对乡镇要实行“一票否决”制度。强化县食品安全办公室综合协调作用，建立常设机构，保证有职、有权、有责，切实承担起政府赋予的综合、协调和督导职责。加强乡镇对食品安全监管的职责，建立综合工作机构，整合人力资源，配合有关职能部门开展农村食品安全监管。同时健全并加强村级农村食品安全监督员、协管员、信息员为补充的监督体系，赋予一定的工作责任，给予一定的工作经费。改善检测设施，完善监测体系，加强对食品生产环节的监管力度和对发现假冒伪劣食品的打击力度，保证食品采购源头的安全。

构建农村食品安全防护网 一是抓好消费者维权体系建设。积极推进农村食品安全消费维权机构的建立，将工商、卫生、质监等主要监管部门列入此机构，以保证及时受理和调处消费维权纠纷。二是建立食品物流配送体系。坚持“政策引导、政府推动、部门规范、市场运作”的方针，把城市的现代物流管理方式引入农村，在乡镇建立连锁超市，切实规范农村食品流通秩序。三是建立农产品质量检验检测体系。统一规划建设食品安全检验检测机构，打破部门、行业和区域界限，形成布局合理的食品安全检测网络。四是建立食品安全信用体系。重点落实好信用信息披露制度，监管部门加大监管力度，建立黑名单并广泛公示，使守信得到激励、失信受到惩戒。有关部门要正确引导，加强对有关从业人员的技术培训，鼓励农村食品的生产经营者自主经营，优势互补。

构建农村食品安全监管网 有关部门要加大监管力度，始终绷紧食品安全这根弦，凡是进入市场的食品，特别是进入城乡接合部、农村的食品，执法人员一定要擦亮眼睛，看批准文号、有效期、保质期，确保群众吃得放心。建立完善食品安全公示制度，加强对食品生产环节的监管力度。健全食品安全信息网络，及时将不合格食品的名单等情况公布于众。积极发挥人大政协监督、社会舆论监督、群众举报监督的作用，严厉打击违法违规行为，营造专项整治浩大声势，曝光典型案件。建立食品卫生责任制与责任追究制，加大专项整治和打击力度，进一步确保农村市场的食品安全。按照环节监管的原则，相关职能部门要着重从四个环节加强日常监管工作。一是从农产品生产环节上“防”。加强对农资、农药以及生产企业的监管，加大对食品原料、添加剂生产企业的监管，广泛推行标准化种植和养殖，保证食用农产品和生产食品原材料的质量。二是从食品加工环节上“审”。质监部门要严把食品生产企业准入关，对食品生产企业涉及前置审批条件的，依法进行审批、登记，对不符合条件的一律不予核发营业执照；工商部门对消费者投诉的食品质量问题，要追根溯源，会同质监部门追究生产企业的责任，堵住违法食品的生产源头；卫生部门对餐饮店及学校食堂严把许可关，对于从业人员无健康证、经营场所不符合卫生要求的不予发放卫生许可证。三是从食品流通环节上“查”。摸清食品经营企业的底数实施分级管理，对重点商品实行重点监管，对重点环节实行重点监控；充分发挥工商检测箱、检测车的作用，加强日常巡查，对涉及食品的所有经营主体，实行商品购进、仓储、销售等各环节索要执照、许可证和相关证明制度，确保食品“来路透明、渠道正规、货真价实”，杜绝“三无”产品。四是从消费环节上“挡”。食品安全办公室要牵头组织相关职能部门，从加强对食品安全监管、提高行业自律的部门行为，向引导消费者自觉抵制伪劣食品的公众行为上拓展，以求最大的监管效能。

搭建农村食品安全宣传网　引导农村消费者提高食品安全意识，树立正确的消费观念，不购买、食用劣质食品，加强食品安全知识宣传，使广大消费者能够辨别常见的劣质食品，断绝劣质食品的市场需求，从消费终端消除农村食品安全隐患。一是利用农村阵地加强宣传。充分利用农村围墙、乡镇政府公示板，通过刷写宣传标语、悬挂横幅、发放宣传资料、编制黑板报等群众普遍容易接受的方式，并可针对农闲季节、节假日等时段，集中开展食品安全宣传活动，聘请专业人员讲解食品安全知识，增强农民的食品安全意识，营造良好的舆论氛围。二是利用监管人员和食品从业人员加强宣传。坚持边监管、边培训的原则，加强农村食品从业人员的培训，提高安全意识；积极发挥农村监管人员作用，开展经常性的动态宣传。三是利用学校加强宣传。在农村学校，要安排一些食品安全知识讲座，教育学生从小知晓有关知识，养成良好的消费习惯。

（作者单位：淮阳县大连乡党政办）

依靠制度创新发挥农业科技的支撑和带动作用

■ 郭晓鸣

今年的一号文件突出强调“农业科技是确保国家粮食安全的基础支撑，是突破资源环境约束的必然选择，是加快现代农业建设的决定力量。”要求“坚持科教兴农战略，把农业科技摆上更加突出的位置，下决心突破体制机制障碍，大幅度增加农业科技投入。”值得指出的是，我国正处于从传统农业向现代农业转换的关键阶段，立足现实，要充分发挥科技的引领和支撑作用，必须高度重视两个制度创新方面的重要突破。

其一，高度重视构建以产业发展和农民需求为导向的新型农业技术推广服务体系

今年的一号文件明确重申农业科技的公共性、基础性和社会性特征是一大亮点，这深刻表明在存在显著外部性条件下，农业技术供给过程不可避免地会大量产生市场失灵现象，政府必须扮演公共品主要供给者的重要角色。换言之，简单的把农技部门推向市场自求生存的市场化改革取向，不仅难以有效解决农业科技供给不足的问题，而且还会必然带来对原有农业科技推广服务体系基本生存空间的过度挤压，全面加剧网破、线断、人散的矛盾。因此，恢复农业科技公共品和准公共品的本来面目，强化政府主要供给者的基本职责既是非常必要的，更是十分紧迫的。

但是，过度市场化只是原有农业技术推广服务体系快速衰落的主要诱因之一，其自身存在的体系脱节、行政化运行、激励缺失、效率低下等体制机制弊端无疑是更为关键的影响因素。因此，当前在重构公益性农业技术推广服务体系的过程中必须高度警惕体制复归，不能单纯注重投入增加、机构恢复、人员配备和工作条件有效改善，更应重视创新体制和完善机制，把创新性地构建以产业发展和农民需求为导向的新型农业技术推广服务体系作为基本目标指向，全力推进，务求突破。就现实而言，关键应有以下三个方面的改革创新：

一是在技术服务选择上建立自下而上的技术需求选择机制，使技术服系的内容主要来自农民和其他生产主体，最大限度改变普遍存在的技术服务供需错位现象。

二是在技术服系运行上实行责任到村，要求乡镇农技人员实行人村对应，明确服务对象和职责，全方位实施承诺制服务，确保农技人员下沉到村，服务到户。

三是在约束和激励机制上探索建立农民参与的制度平台，以利益主体的直接评价决定农技人员的实际报酬水平，以此促进农技人员实现从被动服务到主动服务的根本改变。

其二，高度重视创造新的有效农业技术需求

应当清醒地看到，当前我国面临着局部地区现代农业加快发展与更大范围区域传统农业迅速衰落同时并存的严峻挑战。在许多生产条件仍然落后的农村地区，由于尚不具备引入现代农业项目的基本条件，青壮年劳动力纷纷外出，其产业结构基本依旧，老品种、老技术加老农民，超小规模、粗放经营加自给为主，共同构成这些地区传统农业日渐衰落的主要表征。毫无疑问，分散化、粗放式和自给性的小农模式是不可能产生足够的有效农业技术需求的，传统农业中严重老龄化的“末代农民”群体，也难以成为推广现代农业技术的主要承载主体。我们事实上的确已经面临构建农业技术推广服务体系究竟应该和可以为谁服务这一严峻问题。

正因如此，在当前我国的现实条件下，仅仅关注农业技术供给体系的构建和完善是远远不够的，并不能真正从总体上解决农业发展中科技的支撑和带动作用得不到充分发挥的突出问题。必须同时高度重视以政策支持为主要手段不断创造新的有效农业技术需求，力求实现农业技术供给的增加与有效需求的增长相对同步和均衡，确保有限的农业科技资源能够更加充分有效地发挥效用。

当前最紧要的任务无疑是加大力度培育新型职业农民，以其为主体创造新的有效农业技术需求。在这方面，进一步强化农业技术培训工作固然重要，但更关键的是必须依靠政策调整和政策突破，不断创造新型职业农民的生成环境。稳定的新型职业农民队伍单靠培训是建立不起来的，只有当经营农业真正有利可图时，部分农村新增劳动力、返乡农民工和城镇有意愿的投资者等才可能在经济利益驱动之下逐步向土地集聚，大批的新型职业农民才真正可能持续地应运而生。

显而易见，当务之急应当是把土地规模经营、生产设施改造、农业财政补贴、农业信贷融资、经营风险防范等扶持和激励政策，重点向种养大户和以种养大户为主体的农民专业合作社倾斜，促使其不断发展壮大，示范和带动作用不断增强，以其为主要依托不仅持续地创造新的不断扩张的有效农业技术需求，而且打造出一支发展现代农业必须依靠的稳固的新型职业农民队伍。与技术培训相比较，为新型职业农民创造更为有利的农业发展空间，应是一项尤为艰巨复杂的任务，需要我们付出更大和更持久的努力。

（作者系四川省社会科学院副院长）

民主监督：农村基层民主的新生长点

■ 马宝成

农村基层民主是中国特色的基层民主政治制度的重要内容，迄今已经走过了三十多年的历程，所取得的成就曾经引起了海内外的广泛关注。但是，时至今日，农村基层民主仍然不能摆脱诸多困境，诸如村委会选举“乱象”、“两委”关系紧张、村干部贪污腐败侵害村民利益、因利益矛盾导致的村庄暴力等等。这些困境使人们对农村基层民主产生了疑问，也使一些关注农村基层民主未来的人们深感焦虑甚至悲观。众所周知，农村基层民主的主要内容就是“四个民主”，即民主选举、民主决策、民主决策和民主监督。要破解农村基层民主的发展困境，除了继续做好村委会的民主选举外，我们还要在基层民主的其他方面寻求良策。其中，民主监督就是一个值得重视的政策选择，加强民主监督可以成为农村基层民主的一个重要生长点。

加强民主监督的前期主要探索

在推进农村基层民主的过程，我们在民主监督的制度创新、组织创新、内容创新等方面进行了一些有益探索。

1994年12月8日民政部发布了《全国农村村民自治示范活动指导纲要（试行）》，把“建立村务公开制度和村民监督机制，实行民主监督”作为村民自治示范活动的目标和任务提了出来，从而使村务公开制度正式在各地推行。2010年10月28日，第十一届全国人大常委会第十七次会议表决通过了修订后的《村委会组织法》，其中增加了村应当建立村务监督委员会或者其他形式的监督机构、完善了民主评议等内容。2011年5月24日中央出台《农村基层干部廉洁履行职责若干规定（试行）》，提出了不准非法侵占土地、不准挪用惠农资金、不准吃拿卡要、不准大操大办等四十多个不准，基本上囊括了当前农村群众对基层干部意见最大的所有问题。

民主监督的组织创新主要表现为民主监督机构的多元化，如村民代表会议民主监督功能的拓展、村务监督委员会的普遍推行以及联户代表制度的初步建立等。在许多村庄，村民代表会议的功能逐步从民主决策拓展到村务监督方面；全国绝大多数省份都普遍推行村务监督委员会制度；一些农村开始实行联户代表制度，就是由每个农户推选一个家庭代表，10个家庭代表推选一个联户代表，联户代表中再按10∶1的比例选举出监督委员会，对村民组的财务收支、款物发放、土地分包转让等事务进行民主决策和监督。

民主监督的范围和具体内容主要包括以下方面：财务收支，计划生育罚没款使用，农民负担，电费收缴，土地征用和宅基地划分，救灾款物和奖售物资发放，经济项目承包，村干部责任目标，等等。这些举措涉及到村庄的日常生活、经济发展和社会和谐等大的方面，与村民的自身利益密切相关。

民主监督的薄弱点

民主监督的不断创新，在一定程度上化解了农村治理中的热点和难点问题，解决了干群之间的矛盾，促进了乡村社会的稳定和发展。但是，与农村基层民主的发展要求相比，民主监督仍存在一些不能适应农村治理的问题。

第一，村务公开的内容、形式、程序等问题 主要包括：一是公开不及时。《村民委员会组织法》规定，村民委员会对涉及财务的事项至少每六个月公布一次，接受村民的监督。但在具体运作中，不少村庄的村务公开没有按照规定及时更新，有的地方公开的信息甚至是几年前的。二是假公开。如在财务收支方面把一些表面的数据公开出来，具体的收支项目却不公开；有时为了应付上级检查对数据进行加工处理，公开内容缺乏真实性。三是难监督。公开的内容一般挂在墙上，写在纸上，村民有疑问、有意见也不能及时向村委会反馈和沟通，导致村务公开制度没有发挥应有的民主监督作用。

第二，村民代表会议制度的监督功能还未充分体现 一是村民代表的产生由干部指定。一些地方村民代表的产生，未经严格的选举程序，有的甚至直接由村干部指定，致使村民代表不为村民着想，而直接听命于村干部。二是村民代表开会走形式。很多时候村民代表会议连基本的代表人数都达不到，即使勉强凑齐人数也是走形式，村民很难表达自己的真实意见，村民代表会议成了举手会，大家都不愿意参加，没有取得应有的作用和效果。

第三，村务监督委员会制度还存在一些不完善的地方　一是村务监督委员会的独立性问题。在一些地方，一人兼任村支部委员、村委会成员和村务监督委员的现象还不同程度存在，使得村务监督委员会的独立性大打折扣。二是村务监督委员会的成员不按选举程序产生。特别是一些“空壳村”，大部分青壮年劳动力外出打工，村务监督委员会面临无人可选、无人愿选的困境。三是受村级财务状况的影响，在一些村级财务困难的村庄，村务监督委员的工资补贴没保证，难以正常发挥作用，发挥不了应有的作用。

加强民主监督几个建议

针对以上问题，加强民主监督，使民主监督成为农村基层民主新的生长点，让农村基层民主真正运转起来。

1. 加强民主监督基本制度建设

新修订的《村委会组织法》明确肯定了村务监督委员会制度，但是对于村民代表会议制度的民主监督功能还没有明确的制度规定。鉴于此，应该从制度上明确村民代表会议是村民民主监督的基本制度、基本形式，这是村民代表会

议建设的基本要求。

2. 规范民主监督主体

首先，要规范民主监督主体的产生程序。一是掌握好比例。村民代表和村务监督委员由村民小组民主推荐产生，一般每10~15户推荐1名为宜，一个村民小组应不少于3名，一个村的村民代表和村务监督委员的一般宜在40~60人之间。二是坚持条件。选举产生的村民代表和村务监督委员应具有一定的政治觉悟和参政议政能力，能够坚持原则，秉公办事，热爱集体，关心群众，在群众中有一定影响、较高威信。三是严格程序。各村在选举村民代表和村务监督委员时，要广泛发扬民主，经充分酝酿、民主协商，由村民直接选举，得票过半数方能当选。其次，要完善民主监督主体结构。对村民代表和村务监督委员的年龄、性别、文化、职业、宗教、政治面貌等方面提出适当要求，使其代表不同群众的利益，尽量做到人员结构合理。再次，要经常对村民代表和村务监督委员进行培训教育，提高他们的科学文化政策法规素质，为他们参政议政提供条件。

3. 健全民主监督程序

首先，建立明确的议事规则。明确村民代表和村务监督委员的权利和义务。规定除享有公民应有的权利外，还享有参与决策、管理和监督村务大事的权利。村民代表的义务除履行公民应履行的各项义务外，还要维护全体村民的根本利益，团结、教育村民关心、支持、配合村委会抓好村务大事，反映村民意见、要求，并提出建议，积极参政议政，发表个人意见，参与民主决策。明确村民代表会议和村务监督委员会议事的内容范围，主要包括：财务收支、“一事一议”款项收取、生产经营、农田水利建设、计划生育、宅基地安排、社会保障和其他关系村民重大利益的事项等。明确村民代表会议和村务监督委员会的监督职能。对村务、财务进行监督；根据村级管理的需要，制定村规民约和相关制度。其次，完善村民代表会议和村务监督委员会的民主监督程序。在具体运作上，对如何运作要提出统一要求和操作步骤。

4. 正确处理民主监督机构外部关系

所谓外部关系主要是指民主监督机构与其他村级组织的关系，主要包括与村民会议、村委会以及村党支部的关系。第一，处理好民主监督机构与村民会议的关系。村民代表会议与村民会议之间只是委托关系，村民代表会议行使的职责必须经过村民会议授权，对村民会议负责。关乎村民切身利益的重大问题、村规民约的修改和订立、村委成员、村民小组长、村民代表的选举和罢免等只有村民会议才有决策和选举权。第二，处理好民主监督机构与村委会的关系。村委会要向村民代表会议负责并报告工作，村民代表会议由村委会召集并主持。在村民代表会议议事范围内的关乎村民利益的问题，村委会要提请村民代表会议讨论决定，村民代表会议作出的决定，则由村委会组织实施。第三，处理好村民代表会议与党支部的关系。村民代表会议决定的事，党支部不能更改，如需变动，需提请村民代表会议重新议定；在执行村民代表会议的决定时，村党支部和全体党员应发挥模范带头作用，带领村民认真实施；同时在村民代表会议制度建设中必须坚持党的领导，搞好各项工作。第四，处理好村务监督委员会与村党支部、村委会的关系，新修订的《村委会组织法》没有对这个关键问题作出明确规定，对此，建议出台相关司法解释，明确村务监督委员会与村党支部、村委会的关系，使村务监督委员会在开展民主监督工作时有法可依，真正发挥民主监督的功能。第五，切实保证村务监督委员会的独立性，在这个问题上必须做好以下几项工作：一是必须由村民大会选举产生，无真正的民选则无真正的民主；二是必须抓住村务公开这个重点，无真正的公开则无真正的监督；三是必须坚持不兼任“两委”成员原则，无真正的异体监督则无真正的有效监督。

（作者单位：国家行政学院）

城乡土地要素合理流动与配置研究

■ 王君琦　宋志红

当前束缚城乡土地要素合理流动和配置的障碍仍然存在，城乡土地要素的市场化配置仍受到很多因素的制约。要消除这些障碍，需要国家土地管理制度的改革和完善，既要改革和完善土地管理法等全国性法律法规，也要充分用好用活当前的法律法规和政策，尤其是用好各类试点政策，继续深化土地管理制度改革，促进城乡土地要素的合理流动与配置。

一、加强土地承包经营权流转的风险控制

1. 建立土地承包经营权流转风险评估制度

为了从源头上预防和减少农村土地承包经营权流转实施过程中可能产生的不稳定因素，应当对一些重大的土地流转事项事先进行风险评估，对流转面积较大、涉及农户较多的土地流转项目，镇村要对经营主体的资信情况、经营能力、项目可行性进行调查，以控制承包地流转风险。建立土地承包经营权流转风险评估制度，通过建立土地流转社会稳定风险评估机制，将土地流转社会稳定风险评估列入政府决策程序，对一些重大的流转事项从合法性、合理性、可行性、可控性四个方面逐一分析预测，对是否可能出现不稳定问题进行风险评估。从而提前预防和有效化解土地流转影响社会稳定的各类隐患，确保社会经济平稳发展。

2. 建立土地承包经营权流转保证金制度

为减少因规模经营业主经营不善不能兑现流转合同承诺的收益等行为而给转出农户带来的风险，可以考虑建立土地承包经营权流转保证金制度。重庆市南川区在这方面做出了尝试。

3. 进一步探索保障农民承包土地权益的机制

从全国一些地方实践来看，当前在推进农村承包地流转的过程中，由于多方面的原因，很容易出现地方政府和村委会强迫农民流转承包地、流转的承包

地被非法转变用途（非农化、非耕化、非粮化等）、工商资本过度进入农业生产环节导致农民失业或成为农业雇佣者等现象，这些行为违反了当前土地承包经营权流转的法律和政策规定，也极大地侵害了农民的承包土地权益，容易造成社会稳定方面的隐患。统筹城乡发展，建议在适度推进农村土地承包经营权流转时对这些问题予以积极防范，切实保障农民承包土地权益。

二、进一步规范和完善城乡建设用地增减挂钩工作

为了缓解城镇建设用地紧张与农村建设用地闲置之间的矛盾，2005年国土资源部出台了城乡建设用地增减挂钩政策，通过促进农民集中居住，把农村集体的建设用地复垦为耕地，来换取在城市周边征收农民集体的农用地以获取城市建设所需的新增建设用地的指标。

城乡建设用地增减挂钩政策设计的初衷颇好，在一些地方也确实取得了比较好的效果，但从近几年实施的情况来看，由于对农民权益保护重视不够，也容易引发农民“被上楼”、历史遗留“小产权房”等一系列问题。因此，在城乡建设用地增减挂钩工作过程中，尤其是要处理好如下几方面的工作：一是进一步增强规划的预见性，在调剂建设用地指标时，为农村和小城镇的未来发展预留空间；二是充分尊重农民意愿，切实保护好农民土地权益和长远利益。

三、谨慎尝试地票交易等指标交易试验

在统筹城乡发展中，一些地方“开展土地实物交易和指标交易试点，逐步建立城乡统一的建设用地市场，以公开的方式转让土地使用权，进一步完善相关配套政策法规”，在土地指标交易方面，取得一定成效。

客观地讲，地票交易引入了市场机制，通过市场化的方法来科学发现农村土地的价格，并充分尊重农民意愿，克服了以往行政主导方式中可能出现的违背农民意愿、补偿不公等问题，更有利于保护农民土地权益，因而也更容易得到广大农民的拥护。这一制度不仅更有利于保护耕地，促进土地的节约利用，而且可以通过市场机制将城镇开发的利润向农村转移，从而开辟了城市反哺农村的新途径。而且，地票交易为农民退出宅基地的补偿提供了一个可以参照的市场标准，有利于解决宅基地因缺乏市场价格而补偿标准难确定的难题。但同

时，地票交易在实践中也面临着由于地票交易的理论基础尚未厘清，制约了地票交易制度的完善和推广，地票交易的运行机制有待改进优化，地票落地面临法律困境，可能会带来经济发展的马太效应，并阻碍城乡统筹战略的实施等问题和困惑。

总体来说，我国一些地方的地票交易制度尚处于探索期，其地票交易的数量和在土地资源配置方面实际发挥的作用亦十分有限，在当前，其宣传示范效应远大于其实际功效。而且，地票交易制度的建立需要向国务院申请试点，也需要农村土地交易所、农村土地整治机构等一系列配套措施的跟进。鉴于此，建议审慎尝试此项制度。

四、深化集体建设用地流转制度改革

当前城乡用地矛盾的根源，在于国家对建设用地一级市场的垄断，在于城乡同地不同权的土地使用制度安排，在于农村建设用地资源市场化配置机制的缺失。无论是增减挂钩政策，还是地票交易，都是在现有土地法律制度框架内的创新，土地制度领域的一些深层矛盾并未解决。要缓解这一矛盾，农村建设用地的实物流转势在必行，集体建设用地流转可以为农村土地的配置引入市场机制，通过市场手段解决农村建设用地闲置浪费的问题。只有推行集体建设用地流转才是缓解用地矛盾的根本举措，也是保障农民长远土地权益的根本要求。十七届三中全会通过的《中共中央关于推进农村改革发展若干重大问题的决定》已经明确了这一改革方向，土地管理法的修改正在进行中。建议积极探索并继续深化集体建设用地流转制度改革，扩大试点范围，完善流转管理办法。

五、妥善处理土地与户籍、社保等的关系

推进户籍制度改革是加快发展和转变发展方式的迫切要求，是统筹城乡和区域发展的重要途径，是民生改善和社会和谐的重要保障。在户籍制度改革中如何既保护好农民土地权益，又规范引导农民土地退出，避免农村土地的撂荒和闲置浪费，至关重要。于此，提出如下几点建议：

1. 充分尊重农民的自主选择权，切实保障农民土地权益

温家宝总理在十一届人大四次会议的政府工作报告中指出："要充分尊重

农民在进城和留乡问题上的自主选择权，切实保护农民承包地、宅基地等合法权益。”为了充分保障农民意愿，需要注意如下几点：（1）农民进城的规模，必须与当地的城镇化进程相适应，与当地城镇非农就业岗位供应规模、城镇的公共产品供应能力、城镇环境资源承载能力等相适应，切忌盲目强行推进；（2）在政策制定时，应当取消任何形式的对转户人数的指标设置，否则，很难杜绝各地或各部门为了保证指标的完成而采取各种误导或软强迫措施。

2. 加快农村土地制度创新

户籍制度改革，必须配套相应的农村土地管理制度创新。首先，在加强农村公共服务供给的同时，农村土地附着的社会保障功能会逐步削减，这为农村土地更好地发挥财产功能并脱离身份属性奠定了基础；其次，为了避免农村土地的闲置浪费，应尽量通过市场化而非行政化的机制引导农民退出土地，这需要完善承包地流转机制，逐步推进包括宅基地在内的农村集体建设用地市场化流转，逐步建立城乡统一的建设用地市场；最后，需要积极创新农民集体土地权益的实现形式，弱化集体土地所有权的特殊身份属性，探索农民更好地带着土地权益进城的新途径。

六、运用土地发展权手段建立耕地保护补偿新机制

土地发展权，是指改变土地现状用途或者提高土地利用程度，在土地利用上进行再发展的权利。从国外来看，土地发展权产生于国家对土地实施用途管制、规划控制等公共干预的需要，已经成为城市土地开发的规划控制、分区管制的一项重要手段。土地发展权制度的主要功能在于：保护自然资源与生态环境（如历史古迹、公共广场或绿地、城市环境敏感地带、生态资源等）、调节因土地使用而产生的暴利与暴损、强化土地使用管制、通过市场机制补偿受限制地区的权利主体等。

当前，我国土地权利体系中还没有设定土地发展权，主要靠行政和技术手段来解决征地、拆迁、土地用途管制和规划控制、耕地保护等领域的土地增值收益分配问题，既无成熟理论支撑亦无统一标准。这也是导致我国的征地拆迁收益分配不公、土地用途管制和规划实施效果差以及土地违法严重的重要原因。

因此，对我国的土地产权理论进行创新，在土地权利体系中引入土地发展

权，并通过土地发展权的初始配置、国家购买集体土地发展权、土地发展权的异地转移和市场交易等手段，既可以调动各方积极性强化土地用途管制和规划控制，又可以通过市场机制补偿因用途或规划方面的限制而致使土地价值减损的土地权利人、解决因土地用途或土地开发程度的不同而产生的土地增值收益分配的难题，最终实现土地利用中各方利益之间的平衡。这对于当前主体功能区战略的实施、征地补偿机制的完善、耕地补偿机制的形成等，都具有重要的意义。

（作者王君琦系国家行政学院决策咨询部研究二处副处长，宋志红系国家行政学院法学教研部副教授）

由一起土地流转纠纷想到的

■ 马 跃

一

1994年第二轮土地承包时，皖北刘村（人名和地名都作了技术处理）按照上级文件规定的比例留了科技示范田，属于村集体所有，其中，有10亩坐落在孔庄村民组。由于行政村本身不方便耕种与管理，该10亩示范田，按照靠近谁的地边就由谁耕种的不成文规定，由相邻地块的孔庄十几户农民耕种，而该村民组共有30多户，其余20多户就没有捞着耕种。多年来，因为要亲自在土地上投入劳动，并且农业效益不高，大家对此没有太大意见。

2009年下半年，行政村在包括示范田在内的地块上通过租赁的形式从农民手中流入土地500亩，其中孔庄村民组流转给行政村70多亩，包括那10亩示范田。在计算流转面积时，孔庄耕种科技示范田的农户要求，必须把每户多年耕种的示范田计算在内，由行政村按年度支付租赁费，否则就不同意承包地的流转。行政村同意了这些农民的要求，以每亩1000元的价格租赁农民的承包地和所耕种的示范田，并与农户签订了租赁合同。其中包括，孔小林承包地4.7亩，所耕种的科技示范田0.6亩，合计5.3亩。

2010年，合同得以顺利履行，村民委员会按照5.3亩的面积向孔小林支付了当年的土地租金，对其他同样情况的农户也作了同样处理。那些没有捞着耕种示范田的20多家农民只能得到承包地的土地租金，为此意见纷纷，他们认为，那10亩示范田本来是从孔庄村民组抽走的，其好处不应当由少部分农户独享，而应当由本村民组所有农户共享。

2011年底，村民委员会提出，按照承包地面积向孔庄流出土地的农户兑现租金，但是那些耕种示范田的农户坚决不同意，要求与2010年一样，按照合同兑现租金。双方僵持不下。孔小林等农户认为，村民委员会为了顺利流转农民的土地，当时是同意连示范田一样支付租金的，并且订立了合同。这时，村民委员会处于两难境地，不按合同兑现，孔小林等农户不同意；按照合同兑现，那些没种示范田的农户不同意。村民委员会决定提交孔庄村民组全体村民投票决定。结果可想而知，2012年2月底，经过全体村民表决，形成了决议：按照承包地面积向本组所有流出土地的农民兑现租金。

这起纠纷争议的焦点是那10亩科技示范田。不管是如何获得的，这块土地属于行政村所有，其使用、收益和处分的权力也属于村民委员会。不论是否有合同，村民委员会把该土地的好处让少部分村民独享那么多年，对于那些没有耕种示范田的农户是不公平的。公平的办法是，要么收归村集体，要么将好处平均分摊到本组所有村民。这样的合同虽然订立了，因违反了公平原则，应属于无效合同。这10亩科技示范田，由相邻地块的农民耕种，也属于一种土地流转，村民委员会是流出方，部分农户是流入方，但这一流转违反了有偿原则。多年来，那些长期无偿耕种示范田的农户已经占了不少便宜，应当知足。毫无疑问，村民代表大会最后形成的决议是正确的。

二

当前农村土地流转纠纷，多与程序不规范有关，尤其与合同有关。陌生人之间的流转多有合同，亲戚朋友之间的零散流转，有合同的很少。这与我们的文化有关。因为传统和习惯的影响，人们重义气，讲面子，不喜欢把丑话说在前面。太清楚地划分你的和我的以及双方的权利和义务，对于关系好的朋友和亲缘关系重的亲戚来说，总认为太薄气了，哪有亲弟兄俩之间签订合同的？开始的时候，许多事情没有讲清楚，或者虽然讲了，但没有人证和物证，最后造成了扯皮。当初不想撕开面子，把话说清楚，结果大伤了和气。

调查发现，在订立合同时，不管是村干部还是农民，不知道或者不会运用法律语言来清楚和准确地表达自己的意思，往往使用一些含混的字词，为以后的扯皮埋下伏笔。当然，还有一些合同，明显违反了公平原则，像刘村个案那样，结果引起了纠纷。

村级组织作为合同一方当事人，最容易与农民发生纠纷。村级组织是多种角色的混合体，在土地流转过程中，作为一方当事人，是经济主体，是经营者，但村级还是一级行政组织，作为行政管理者，有责任和义务处理和解决农民的各种问题与纠纷。农民在与村级组织打交道过程中，习惯于“问题捆绑”的方式，即把许多不同的问题捆绑在一起，要求村干部合并解决。那个问题不解决，这个问题也别想解决。在刘村个案中，订立合同时，那些耕种村科技示范田的农户就采取了捆绑的办法，如果不把所耕种的示范田计算进流转土地的总面积内，那么连承包地都别想流转。村干部就是在这种压力下，才答应了这些农民的要求。以前，某个问题不解决，就别想收到税费。现在，问题捆绑的方式往往影响土地流转合同的正常履行。如我们调查中曾经看到的，某个民事纠纷没有得到及时解决，作为当事人和流出土地的农民就要求把土地收回来。村干部说，应当把问题区分开，两码事不是一码事。对农民来说，不管什么事，都在村干部的职权范围内，为什么不能合并处理呢？这就与村干部的多重角色有关了。

三

建立在依法、有偿、自愿基础上的土地流转是利国利民的好事。在土地流转中，实现了多方共赢的局面。对流出土地的农民来说，解除了长期外出务工的后顾之忧，因为土地流转而增加了财产性收入。在淮北市，流转价格在逐年攀升，在边远农村，已达到每亩900元；在近郊农村，早已突破了1000元。对留守在家的农民来说，实现了较高收入的就业。在S镇，有农民说：“咱出去打工，人家也不要咱，到厂里，人家嫌年纪大，这多好呢，离家还近。这里搞大棚了，一个月也能挣1000多块钱。”对经营户来说，获取的收入更高一些。该镇L村，2009年成立绿风合作社，从农民手中以900元的价格租赁土地1200多亩，又以900元的价格返租给一部分农民。有承包户说：“种一季西瓜，5个月下来，每亩地有5000斤产量，按每斤一块五计算，能卖7000多块钱；又种一季麦子，一亩地1000斤，又卖1000多块钱。”看到这么好的效益，村民竞相承包，有村民说：“去年看他们在北湖搞大棚，不孬，我今年也搞三四十亩。”对国家和社会来说，因为土地流转，改善了农田基础设施，保持了已有的种植面积，为农副产品供应做出了贡献。土地流转促进了现代农业的发展。以上千元的价格租赁土地后，经营户不可能按照农民“一麦一豆”的模式耕种，所种植的都是高效作物，在淮北市主要是大棚蔬菜。土地流转价格的逐年攀升，表明农业效益在不断提高，要求租赁农民土地的人越来越多，土地流转规模也在不断扩大。截止2011年9月，淮北市已流转土地27万亩，比上年增长20%。

土地流转是实现农业现代化的重要途径。在发展现代农业和实现农业现代化方面，改革开放以后，我们曾经走上政府主导的路子，由政府投资建设了一些现代农业生产基地，但后来大部分都失败了。新世纪以来，通过土地流转，形成了工商企业、经营大户、合作社等多种主体发展现代农业的格局，因为体制上的优势大都做得非常成功。我们终于找到了通向现代农业的路径。

随着农业效益的提高，因为土地流转而产生的纠纷也在不断增多，这些纠纷多是流转程序和合同订立不规范造成的。要解决这个问题，首先要改变我们的文化，使广大农民接受现代商业文化，认识到合同的重要性，哪怕是再好再亲的关系，都应当把丑话说在前面，先小人后君子，把一切可能产生的争议及解决办法都提前在合同中加以明确。其次，要学会运用法律语言清楚而准确地表达自己的意思，保护各自的权益。在市场经济中，农民也在不断学习和进步。2010年，在B镇，笔者看到了农民与工商企业经营者签订的流转合同，价值尺度不是货币，而是小麦。每亩地为1000斤小麦，由租赁者逐年支付。租赁者既可以以小麦的形式支付，也可以支付时国家公布的小麦市场价以货币形式支付。当然，这与近年来物价不断上涨有关，10年前的1000元与今天的1000元以及与10年后的1000元，肯定不是一回事。农民对货币的信任度降低了，只好把小麦当作价值尺度。再次，当行政村作为土地流转中的当事人时，尤其要慎重，至少在与农民订立合同时要明确写上，不得以其他问题的出现而影响土地流转合同的履行。当然，对于其他问题，村干部也应积极主动地解决，以确保乡村社会秩序的和谐与安定。

（作者单位：淮北市委党校）

我国农民的合作性

——兼评曹锦清教授的主张

■ 彭代彦

在马列经典作家看来，农民天生不善于合作，仿佛堆在一起的马铃薯。这一观点对学术界影响深远，时至今日，一些理论工作者依然认为，当代农民同样不善于合作。曹锦清教授在其颇具影响的《黄河边的中国》（上海文艺出版社2000年9月版，以下简称《黄河》）一书中认为家庭联产承包制下的当代农民依然“善分不善合”，只在意自己的眼前利益，看不到长远利益，更看不清在长远利益基础上形成的各农户间的共同利益，因此不能在平等协商的基础上建立起超家庭的各种形式的经济联合体。

一方面，有关农民不善于合作的判断对我国的“三农”政策产生过重大影响。建国后不久，我国推行了地区农业合作化运动，1980年代初实行家庭联产承包责任制后又开展了多种形式的专业合作化运动，近年来政府还主导了农业产业化运动。这些旨在促进农民合作的政府行为都是建立在“农民不善于合作”这一基本判断基础之上的，因此有必要由政府出面诱导或强制他们进行合作。但事实表明，政府主导的各种农业合作化运动迄今为止几乎都没有收到预期的效果，有的还给农民带来了巨大的损失，甚至灾难。例如，20世纪50年代的农业合作化运动导致了农业的大幅减产和数千万人的非正常死亡，以至于经过二十多年的实践后仍不得不退回到合作化之前的分散经营状态；各种农业专业合作化运动使农民付出了沉重代价但却没有得到预期的回报，等等。

而另一方面，我们并不难找出农民自发进行合作的成功事例。早在建国前，一些地方的农民就自发地形成过互助组，通过换工合作，成功地解决了农忙季节的人手不足问题。十多年前笔者在湖北农村调查时发现，农民之间为了满足农忙高峰期的集中用工需要，亲戚朋友之间一般都保持着良好的合作关系，曹锦清教授1996年在河南农村调查时也观察到了类似现象（《黄河》第765页）。

这些事实都表明，仅凭直觉和个别现象得出的农民“善分不善合”的判断值得商榷，对农民是否具有合作性需要进行学理层面的探讨。要弄清农民是否真的“善分不善合”，首先必须搞清其含义。笔者认为，所谓“善分不善合”，是指在明确判断合作的收益大于不合作的收益的情况下仍各行其事、不进行合作的行为。相反，如果是在断定合作的收益小于不合作的收益的情况下做出了不合作的选择，则不能被认为是“善分不善合”。这里所说的收益，指扣除成本后的净收益。只有在合作的净利益大于不合作的净收益时，农民仍不合作，才能被认为是“善分不善合”。

理论工作者认为当代农民不善于合作的主要依据是农民不能通过协商合作改进农村社区环境和进行非农业经营活动。以下通过案例分析，考察农民在这些领域中的合作性，反驳农民“善分不善合”命题。

1. 农民在农村基础设施投资决策中的合作性

一些学者认为农民不善于合作的一个重要理由是农村税费改革后“一事一议”基本没有得到实施。

据笔者2003年2~3月在湖北省国家级贫困县阳新县和孝昌县及经济较发达的随州市和仙桃市的10个村及8~9月对咸宁市和黄冈市的6个村的调查，了解到通过“一事一议”进行了农村基础设施投资建设的村确实很少，只有两个，但并不能据此断定农民“善分不善合”，因为其他14个村根本就没有提出过“一事一议”的建议。众所周知，村级组织的权力核心是村支书。村支书之所以未提出“一事一议”的建议，主要是因为上级对此未作要求。另一方面，通过“一

事一议”成功地进行了基础设施投资的两个村都是在村支书的强烈主张和坚持下实现的。这两个村的支书之所以有兴建基础设施的强烈愿望，其直接动力是荣誉感，即政治激励。

两个进行了“一事一议”的村都是有关修路的。为修路，孝昌县X村支书提议并主持召开了两次村民代表大会，第二次会议达成了每人出资15元修路的决议。据参加了会议的一位老党员介绍，有些参会者也表示了反对意见。对集资修路持反对意见的村民分为三类：第一类是即将离开村庄、到外地打工、预期利用率不高的人。第二类是经济活动量相对较小，如利用他人的车辆运输农产品的人。对这两类农民来说，合作修路的净收益并不大，可能小于合作修路的成本，因此，他们表示反对是理性的选择。第三类是对村干部不信任的人。有农民说，这些钱将怎么花，我们不得而知，不知道是否会真正用到道路建设上，因此对投入的收入预期较低。由此可见，农民并不是“只知道自己的眼前利益，但看不到长远利益。更看不到在长远利益基础上形成的各农户间的共同利益”(《黄河》第167页)。相反，正因为他们很清楚，从长远来看，他们得不到利益，或这种利益具有很大的不确定性，以至于得不偿失，才对合作不感兴趣的。

2. 农民在非农业活动中的合作性

农民被认为“善分不善合”的另一个依据是共同创办非农企业后不能长久坚持。笔者2002年8月在湖北省咸宁市农村调研时，遇到了与另外两位农民合作创办企业失败后处境困难的农民A，他的经历为我们考察农民在非农业活动中的合作性提供了极好的案例。

A生于1952年，小学文化程度，1985~1993年在湖南省岳阳市贩卖粮食，生意一直不错，年收入3~4万元，但1993年租用的一辆汽车将人撞伤后车主逃走，被迫承担了12万元的医药费，几乎耗尽了全部积蓄，无力继续做粮食买卖，只得回到家乡的小镇上做小本的面粉加工生意。因当时砖价颇高，不久便萌发办砖厂的念头，并与也是农民出身的镇上的生意人B一拍即合，B承诺跑贷款，解决办厂所需的资金。随后，A的同村农民C也加盟。C没有资金，但出让自留地作为场地。三人约定，企业投产后的利润还清借款后平均分配。

砖厂筹建比较顺利，从动工到投产仅用了3个月。投产后，尽管企业几乎每天都需要大量现金支出，但产品大多赊欠，无现金收入，企业运营很快陷于资金不足的困境。不久还连续遭遇了两次龙卷风，工棚被吹垮。但三人再也无法筹措到修复工棚所需的巨额资金。此时B和C开始对企业未来的发展失去信心，而且B还有效益不错的生意可做，两人便先后退出企业，企业随之停产。停产一年后，三人委托镇工业办公室将企业承包给他人经营。

这是一个农民实际上在理性地进行着合作、但看上去不善于合作的典型例子。三人最初之所以合作，是因为合作的预期净收益大于不合作的预期净收益。但经过一段时间的运行后，企业不太好的运行成绩和对风险预期的增加降低了合作的预期净收益，部分成员的预期净收益开始下降，低于不合作的预期净收益，因此，他们最终选择终止合作关系也是一种理性选择。

大量先行研究表明，农民是理性的，能有效地配置农业资源，无论在乡村社区公共事务中，还是在非农业经营活动中，他们都能识别合作的潜在利益，只要合作的纯利益大于不合作的纯利益，农民就会选择合作，那些看上去的不合作行为都是农民在判断合作的净收益小于不合作的净收益后的理性选择。因此，我国农民在非农业活动中也是理性合作的，而不是像曹锦清教授等认为的那样“善分不善合”，不需要他人或政府来诱导和促进其合作。

如此，曹锦清教授在《黄河》中开具的促进农民合作的处方也药不对症。他的政策建议是：“一、一切关心中国现代化进程，尤其关心农村与农民现代化进程的知识分子，必须从理论上充分认识到承包制下小农重新联合起来的极端重要性。二、中央与各省创办培养农村合作人才的大专院校。三、在农村进行合作试点，用典型来教育农民。四、负责推动农村合作的领导机构，只接受地方财政的资助，但不必接受其行政指令。五、创办一份全国性的合作刊物。六、新合作运动的宗旨是：把小农扶上合作之路，但坚决让他们自己走路。”(《黄河》第766页)。”这些建议不仅不能使农民变得善于合作起来，如果真正付诸实施，对农民可能有害无益。第一，是否应该合作完全应由合作与不合作的相对净收益决定，而合作的净利益是否大于不合作的净利益，只有农民掌握的信息最为充分，判断最准确，其他人越俎代庖只能适得其反，人为推动的合作化运动不仅不能保证农民真正从中受益，而且可能损害农民利益。第二，农民的合作性是一种理性表现，是不能通过学校教育培养出来的。第三，农村并不缺乏合作的典型，只是这些典型并没有引起学者的应有重视。第四，成立组织领导机构对农民合作性的养成不会有帮助，不论这种机构是否接受行政指令。第五，学校教育都难以促进农民的合作性，创办发行合作刊物如何能做到？第六，曹锦清教授提出的以上措施不能将小农扶上合作之路，如果真地强行开展一场新合作运动，只能是事与愿违，弊大于利。总之，我们只能让农民走自己的路，完全由其自主决定是否进行合作。

当然，为使农民真正从合作中受益，有必要进行合理的制度和规则设计，使合作行为有章可循、有法可依，而这是政府可以做也应该做的。

（作者系华中科技大学经济学院教授、博导，本文选自作者所著《通向幸福之路》，中国社会科学出版社2011年12月版，本刊略有删节。）

山区城乡生态文明建设的一个动态考察

——以浙江省安吉“中国美丽乡村”建设为例

任 重

安吉是全国生态文明建设的先行实践者，为城乡居民找到了一条实现“富”与美相结合的新路子。多年来，安吉始终牢牢把握“生态立县”这个基本战略地位，把生态县创建的重点、难点放在农村，真正实现了生态县建设与新农村建设的有机统一，通过“中国美丽乡村”这个载体，真正把安吉的生态优势转化成了新农村建设和各项事业建设的优势，在生态文明建设与开拓的若干方面，为我们提供了鲜活而朴素的经验。

从2000年开始，安吉就结合生态村、生态乡镇创建，开展了村庄环境整治，全县先后投入数亿元专项资金推动这项工作，在新农村建设上积累了丰富的经验和良好的群众基础，使安吉的生态县建设一开始就与新农村建设有机融合起来。随着社会主义新农村建设任务的明确和中央各项惠农政策的出台，安吉相继制定了一整套既切合安吉实际，又紧贴中央、省、市要求的政策措施，及时有力地推动了新农村建设工作的全面开展。安吉的综合改革不断深化，探索了林权、金融和经济合作制度改革，建立了森林资源流转平台和农村信用担保公司，顺利推进“三位一体”新型农村合作经济组织建设试点，稳步开展行政村规模调整，15个经济薄弱村实现彻底脱贫。农业特色产业、高效生态农业有序发展，旅游富民经济得到进一步提升。

2008年，成立“中国美丽乡村”建设与新农村示范区建设领导小组，两者合署办公并建立健全分工负责机制。下设环境提升、产业提升、服务提升和素质提升四大工作组，每个工作组由一位县领导牵头协调，一个责任部门负责落实。具体由县长领衔，29名县领导挂钩联系16个乡镇（街道）、141个村，负责指导创建、协调项目建设等。各乡镇、村也建立了相应的领导班子和工作机构，由“一把手”负总责，分管领导具体抓。成立建设“中国美丽乡村”专家指导组，从相关部门抽调专业人才，强化业务指导。中国社会主义新农村建设必须统筹经济和社会的全面发展，包含环境建设、节能减排、传承农耕文化、发展休闲农业等丰富内容。老百姓的幸福感并不一定与GDP的增长成正比，在人们解决了温饱问题，生活水平达到小康后，生产环境和生活环境是影响人们幸福感的直接因素，他们需要绿色GDP、务实GDP；农民收入与财政收入的增长并无必然关联，富民与强县并非完全是同一个概念，强县并不等于富民，只有富民基础上的强县才最值得推崇。

广泛的群众参与和支持是安吉新农村建设取得成绩的根本保证。安吉坚持以人为本，充分尊重农民的主体地位，政府职能到位不越位。一方面，坚持让群众得实惠，不是通过强迫命令，而是通过示范引导，由点到面的办法，从条件较好、群众积极性较高的村庄入手进行村庄环境整治，让看得到的实实在在的好处教育农民、吸引农民，调动农民自身的积极性；另一方面，侧重抓好了全民的生态观念教育，包括举办全县“生态文化节”、开展全县“生态日”活动、创建绿色学校和生态文明村等工作，培育了全民生态意识，提高了全民生态文明水平。“生态立县”家喻户晓、深入人心，形成了全民关注和参与生态文明建设的良好局面。此外，特别重视发挥广大基层干部的示范带动作用，加强农村基层民主建设，优选、配强村级组织班子，真正体现“执政重在基层、工作倾斜基层、关爱传给基层”的要求，做到工作上多支持、政治上多关怀、生活上多关心，调动了广大基层干部的积极性，发挥了他们在新农村建设中的骨干作用。

“中国美丽乡村”这一载体，使得安吉以“小财政”做成了大事业。首先，立足于长三角范围，将安吉放在区域大环境之中，回答了与沪、杭等大城市及都市经济圈的互补关系问题。这一方面有利于安吉积极争取周边发达城市给予的资源、市场，借鉴大城市的先进经验促进本县经济社会的高效可持续发展；另一方面，随着城市化负效应的逐渐显现，在“中国美丽乡村”的创建中，能够充分发挥安吉一个“大乡村”的特有功能与优势，体现对长三角区域的辐射和影响，互为补充，从而取得“双赢”效应。据统计，浙江省农民人均收入连续24年保持全国省区首位，而安吉农民收入达到12840元，比上年增收1514元，增长13.4%，已经连续四年稳居全省之首。

“中国美丽乡村”建设，巩固了城乡平等意识，对安吉城乡互补格局的进一步形成起到极大的推动作用。城乡一体化应是城乡在经济上彼此分工、在政治上相互平等、在文化上各具特色，生态环境优美、协调发展的现代化区域整体。贯穿这一思路，“中国美丽乡村”行动计划明确提出了要把整个安吉纳入其中。这种倡导新农村建设全面覆盖全县域的积极姿态，诠释出城镇与村庄的平等关系，引领了一种城乡互补、互为资源、互为市场、互相服务的大世界。

安吉生态文明建设给我们带来了若干重要的启示：

1. 要有强有力的组织保障 安吉县成立了由县委书记任组长、县长任常务副组长、县四副班子分管领导任副组长的生态县建设领导小组，专门设立了领导小组办公室，常务副县长任主任，环保局长任常务副主任，全面负责生态县建设的日常组织、协调工作。各乡镇、县级机关有关部门也成立了工作小组。各乡镇都设立了生态办，确定了专职生态办主任。县生态建设领导小组还专门印发了《生态县建设领导小组成员单位职责分工》，以文件形式明确了各部门的工作任务。这样，就形成了一个县、乡、村分级管理，部门相互配合、上下联动的健全工作机制，从而确定了生态县建设是“一把手工程”的战略地位，为生态县建设的扎实推进提供了组织保障。

2. 加快发展思路战略转型 区域发展模式转型，取决于发展思路和执政理念的与时俱进，是顺势而为、掌握主动，还是逆势而为、被动淘汰，既是一项战略选择，更是一个战略抉择。安吉的生态文明理念和生态文明建设工作，觉悟得早、理解得透、定位得高、执行得实。二是加快建设阵地延伸转型，增强生态环境空间的承载力。伴随着三农现代化、三产融合化和城乡一体化步伐，农业已经演变为交叉污染最为严重的产业，生态建设重点应向农村地区延伸并取得突破。安吉以“中国美丽乡村”建设为载体全民推进城乡生态文明建设，做到建管并重、整治并举、不断提升环境承载力。三是加快产业结构调整转型，增强生态经济整体竞争力。生态经济发展是生态文明建设最为核心的指标、最关键的支撑和最持久的保障。安吉以转型升级为核心路径，不断优化生态经济结构，提升了县域经济竞争力。四是加快全民素质提升转型，彰显生态文化内涵的支撑力。

3. 要有高度统一的思想和认识 只有统一思想和认识，准确定位，明确思路，才有可能降低内耗，齐心协力，集中精力做大做强优势、做出特色。中国社会主义新农村建设没有统一的模式可循，但必须有统一的发展思路。每个地域都有自己不同的区位条件、地缘优势、产业优势，应该因地制宜，科学决策，选择符合自身特点的发展道路。农业资源可以转化为农业资本，山区的生态、环境和文化作为重要的资源同样可以转化为资本。只有着力拓展生态、文化的功能，向休闲、观光、旅游、环保等方面转移，才能实现农村的良性循环，才能拓展农业的多种功能。山区县域的资源在山水，潜力在山水，山区县域的发展完全可以摒弃常规模式，走出一条通过优化生态环境带动经济发展的全新道路。

4. 要科学把握三对关系 一是保护与发展的关系，发展经济是为了更好地保护生态，是为了强化生态建设的实力支撑；保护生态是为了更快地发展经济，是为了培育经济发展新的增长点，要把握好两者之间的内部关联，做好结合文章；二是有形与无形的关系，生态建设既要继续抓好有形的生态环境改善、生态产业发展，也要高度重视无形的生态理念推广、生态文化培育、生态文明建设，把集中集聚集约的思维渗透到生产生活中，融入到经济社会发展的总体格局中，促进产业集中布局、经济集聚提升和资源集约利用；三是主导与主体的关系，生态建设既要强化行政主导推动，又要发挥基层主体作用，激发基层创新活力，凝聚全民创业力量。

（作者系浙江省生态文化协会副秘书长，浙江农林大学生态文化研究中心副主任）

农业生产性服务业发展的难点与对策

——以水稻病虫害专业化统防统治为例

■ 李一平

农业生产性服务业是指为提高农业劳动生产率而向农业生产活动提供中间投入服务的产业。水稻病虫害专业化统防统治是指为水稻生产提供全程专业化病虫害防治服务的活动。由于水稻病虫害防治是农业生产各项农事操作环节中技术性最强、难度最大、社会化服务发展最滞后的环节，因此，水稻病虫害专业化统防统治水平在很大程度上决定了一个地区的农业生产性服务业和现代农业发展的水平。本文试结合湖南省水稻病虫害专业化统防统治，探讨农业生产性服务业发展所面临的主要难点，并提出进一步发展的对策措施，以期引起各级政府及相关部门对农业生产性服务业发展的重视和支持。

一、农业生产性服务业发展方兴未艾

进入21世纪以来，全球对外直接投资愈来愈呈现出转向生产性服务业的趋势。早在2004年，联合国贸发会议就公布了以“转向服务业”为题的《2004年世界投资报告》，该报告显示世界投资结构已转向服务业。此后几年，全球生产性服务业均呈快速发展之势。

相较于其他生产性服务业，我国农业生产性服务业发展相对滞后，虽然其在农业经济结构中已成为增长最快的领域，服务投入的增长速度明显快于实物投入的增长速度，农业和服务业相互融合发展的趋势日渐明显，吸纳的就业人员与产值也不断提高，但市场发育程度不成熟，一些重大、关键性农业社会化服务如病虫害防治、水稻集中育秧、机械化插秧、测土配方施肥等领域的拓展和新兴服务组织的发育尚处于起步阶段，表现为层次低、规模小、功能弱、持续发展后劲差，现有的农业生产性服务仍以传统的农技服务和农资、农产品销售为主，市场化、承包式农业生产性服务发展不足，成为我国现代农业发展中

的一个突出问题。

以水稻病虫害专业化统防统治为例。农业部从2008年开始在全国大力推进农作物病虫害专业化统防统治工作。湖南省积极响应农业部的号召，连续5年在全省推进以水稻为主的农作物病虫害专业化统防统治，带来的好处主要表现为“三个减少”、“三个提高”。即：减少农药用量，专业化统防统治比农民自防平均每亩减少1~2次用药，农药使用量减少20%以上；减少生产成本，每亩节省农药与人工成本70元左右；减少环境污染，因减少了农药用量，对农田生态环境和农产品质量安全发挥了重要作用；提高生产效率，背负式机动喷雾器比传统手动喷雾器作业效率提高5~8倍，而担架式喷雾器更是提高30倍以上；提高农民的经济效益，因专业化防治效果比农民自防提高10%以上，因而双季稻每亩减损增产100公斤、增收节支200元以上；提高社会效益，广大被服务的农民从繁琐、费力的病虫害防治中解脱出来，安心从事农村加工业、养殖业或外出务工，促进了劳动力转移，负责病虫害防治指导的植保部门也大大减轻了病虫防控指导的工作压力。

湖南省水稻病虫害专业化统防统治工作虽然取得了显著成效，其经验也得到农业部认可，并在全国推广。但目前，农作物病虫害专业化统防统治工作尚处于“调整、分化”和“提质、转型”阶段，面临着诸多难点。

二、农业生产性服务业发展面临的主要难点

笔者通过近几年的调查研究，认为农业生产性服务业发展主要面临以下“四难”。

（一）盈利难 由于农业是露天生产，具有资源分散性、时空多变性和可控程度低等行业弱势，所以农业的生产成本相较于工业及服务业要高得多。另一方面，由于农业本身属低效产业，农民收入又不高，因此，很难通过提高服务收费来增加赢利。特别是近年来，燃油、农药、劳力等农业生产成本大幅上涨，农业已进入高成本时代，使原本利润微薄的农业生产性服务业收益更低，有的甚至无利可图或亏损，从全省来看，1000家服务组织真正靠专业化统防统治盈利的屈指可数。这是当前制约农作物病虫害统防统治等农业生产性服务业持续发展的根本原因。

（二）用工难 近年来，随着农村青壮劳力大量进城，留守农村的基本上是老人、妇女和儿童，农村普遍缺乏劳动力。特别是像病虫害统防统治这样的工作，因具有“脏、累、险、毒”等特点，比如机防手在施药过程中随时有可能出现中暑、中毒和被蛇咬、被玻璃碎片划伤等危险，从事这一行业的劳动力非常难找。加上农业生产用工表面上时间拉得很长，而实际有效作业时间并不长，致使从业人员的收入并不高，对稳定劳动力不具吸引力。另外，高层次的专业技术人员也很难引进。据调查，2011年全省1000家病虫害防治服务组织，共有从业人员八万多人，其中真正植保专业科班出身的技术人员仅几十人。机手和专业技术人员缺乏，导致农业生产性服务业组织的科技含量难以提升。

（三）风险控制难 农业生产性服务业不仅盈利率相对较低，而且面临一系列风险。首先是自然风险。因农业生产受天气影响很大，加上农药产品、施药人员素质差异等因素影响，防控效果很难一次过关，需要采取灯光、性诱剂诱杀和多次施药防治，而每增加1次防治就要增加一笔不小的开支。其次是作业风险。因农药属有毒物质，施药属危险作业，操作者随时有中毒、中暑和突发疾病的可能。还有一种风险，是农民有意无意以某某病虫害防治不好为由单方面毁约，拒交或拖欠统防统治组织服务费，致使服务组织的资金被大量占用，有的甚至出现资金链断裂的风险。有的地方农民和农药经销商为了谋取私利，故意刁难病虫害统防统治服务组织，由此产生一些不必要的纠纷和矛盾，在一定程度上影响了服务组织的正常运营。

（四）先进农用机械开发和维修服务难 目前我国农机行业已具有较大的规模，并拥有了种类较为齐全的产品系列，能基本满足农业生产和用户的要求。但受一些不利因素影响，也存在着研究基础薄弱以及技术、产品开发滞后的问题，特别是在水田耕作、机械化插秧、病虫害防治等领域，其机械技术及产品水平与发达国家相比还存在着较大差距。

三、加快农业生产性服务业发展的对策措施

（一）要加强宣传，提高认识，营造全社会重视支持农业生产性服务业发展的良好氛围

充分利用主流媒体的影响力，大力宣传专业化统防统治等农业生产性服务

业的先进典型、取得的良好效益和存在的问题，使各级领导和广大农民充分认识农业生产性服务业带来的好处和作用，促使他们转变观念，形成全社会关心支持农业生产性服务业发展的良好氛围；同时，要尽快制订《农业生产性服务业发展规划》，把引导扶持农业生产性服务业的发展纳入各级党委政府的议事日程。

（二）要加强领导，增加投入，尽快出台引导扶持农业生产性服务业发展的政策

近年来，国家和绝大多数地方政府对农业生产性服务业有所重视，但很少有实质性支持。建议各级政府及相关部门本着“政府引导，市场运作，强化监管，稳步推进”的原则，出台并落实相关扶持政策。一是设立农作物病虫害统防统治、集中育秧、机械化插秧、测土配方施肥等农业生产性服务业发展专项资金，引导龙头企业、农民专业合作社、农产品行业协会和专业大户发展农业生产性服务业。二是建立现代农村金融制度和税收优惠政策。在农业产业化和区域专业化程度较高的地区发展大型商业银行、村镇银行、小额贷款公司、政策性金融和农村合作金融等多层次的农村金融服务主体，采取贷款贴息、税费优惠等方式，为龙头企业、农民专业合作社和专业大户等不同需求主体提供差别化、个性化服务。三是发展政策性农业保险，建立以农业生产性服务业为主体的农业再保险和巨灾风险分担机制，探索发展农业生产性服务业的保险品种。

（三）要加强监管，建立制度，逐步形成农业生产性服务业的考核激励机制

要逐步建立病虫害专业化统防统治等农业生产性服务业目标管理责任制，制订考核细则，将农业生产性服务业的组织化程度、作业覆盖率和服务效果，以及农民对服务的满意度列入考核内容，建立激励机制，促进行业健康发展。同时，要加强对植保事故、农药质量以及超越服务能力盲目签订服务合同导致服务不能兑现或不到位等农业生产性服务业事故的查处，把各类事故控制在萌芽状态，避免或减少对农户的损失，化解相关风险。在规范管理上，应充分发挥行业协会的作用。加强农业生产性服务业行业协会的培育，鼓励服务组织开展自我约束和自我监管。

（四）要加强企业自主创新，延伸服务链条，逐步推进综合服务

一要理性投资，不要盲目贪大求洋。要从企业自身实际和当地经济发展环境和农民的需求出发，积极稳妥推进。二要把服务领域向产前、产中、产后全过程延伸，向育苗、耕种、施肥、插秧、收割、农产品加工、市场营销等多领域拓展，让从业人员一年四季都有事做，农用机械一机多用，稳定服务组织和从业人员收入。三要引进专业技术人才和先进农用机械，形成企业的核心竞争力。四要创新经营管理机制，形成合适的企业盈利模式。

（作者单位：湖南省植保植检站）

中国创意农业路在何方

■ 章继刚

高端市场：农业投资新机会

在台资密集的无锡锡山区，高端农业项目已成为台湾农业企业在长三角的投资新热点，涉及种养业、食品加工、休闲观光、农业生物技术开发应用、生态型农业等众多领域。

在成都，市农委按照建设“世界现代田园城市”的理念和要求，重点围绕“田园”二字做文章，调整完善全市农业产业功能规划，盯住高端产业、产业高端，大力发展和引进企业（集团）总部，奋力推进成都农业产业结构的战略性调整。

湘股新五丰全资子公司优鲜食品有限公司率先在湖南地区推出“u鲜”品牌高端冷鲜肉。该项目累计投资将达到3000万元以上，目标是将u鲜品牌打造为中国高端肉品知名品牌。其产品定位于8%~10%的高端消费市场，采用来自供港澳生猪养殖基地的优质商品猪，从原料、饲料、养殖、屠宰、分割、包装、配送、销售全程实现从农场到餐桌全过程无公害控制，为消费者提供真正安全、放心的肉品。同时，在营销方式上进行创新，一方面在各大

型超市设专卖店，另一方面采用电话、网络定购、宅配等手段进行冷鲜肉配送，真正成为集饲料生产、生猪养殖、生猪出口与内销、终端肉品销售于一体的农业龙头企业。

到2015年，北京将投入一千多亿元优化生态涵养发展区，带动社会投资占一半以上。根据北京市《关于促进生态涵养发展区协调发展的意见》，未来北京将在生态保护的前提下，大力发展生态服务型经济，加大高端产业的引进培养力度。生态涵养发展区未来产业发展有两种方向：一是大力培育总部经济及高新技术研发、后台服务、文化创意等低碳高端产业；二是积极发展富民型的旅游休闲、生态农业及环境友好的劳动密集型产业，促进产业融合化发展。同时，对于影响生态环境的资源开采和环境污染型产业，必须坚决淘汰退出。

创意农业：西部的下一座金矿

创意农业是以增加农产品附加值为目标，在农产品研发、生产、加工、营销、服务过程中，以及农业节庆活动、农业电子商务活动、农业总部经济活动、农业审美活动中进行生产创意、生活创意、功能创意、科技创意、产业创意、品牌创意和景观创意，通过创造农民独特增收模式，促进社会主义新农村建设，以实现农业增产、农民增收、农村增美的新型农业生产方式和生活方式。

与传统农业相比较，创意农业具有七高一低的明显特征：高文化品位、高知识化、高盈利性、高附加值、高艺术化、高个性化、高智能化和低碳化。充分发挥创意农业在扩大内需中的积极作用，必须做到“三个突出”：一要突出规划的前瞻性。二要突出市场机制。三要突出政府的服务功能。

四川省探索现代农业和旅游业相结合的创意农业发展之路，逐步形成具有高效农业、休闲渡假、观光观赏、农事参与体验、农耕文化及乡村民俗传播等多种类型的新的产业雏型，成为农村经济新的增长点和社会主义新农村建设的新亮点，涌现出了三圣花乡、郫县农科村、彭州宝山村、温江区涌泉花土社区、国色天乡乐园、成都等一批创意农业企业，使农村特有的文化生活、产业文化及许多民俗风情通过创意农业的发展得以继承，呈现出百花齐放、百舸争流的良好局面，极大地增添了创意农业的魅力。

截至2009年第三季度末，四川省共有全国农业旅游示范点28家，乡村旅游经营户1.68万家，农业旅游经营点接待游客2.08亿人次，初步统计实现乡村旅游总收入312.87亿元，吸纳就业人数达24.84万人。全省乡村旅游成为农民增收的新增长点，加快了灾后恢复重建，推动了地方经济加快发展。

今后，四川省将着重抓好优质粮食产业、农产品加工业、高效园艺产业、劳务产业、农业休闲观光产业和生物质产业，以此构建现代农业产业体系的重要环节。按规划，农业休闲观光产业将重点发展以果为媒、以花为媒以及把自然风光与农耕民俗文化、茶文化、花文化等结合的休闲观光产业等，目标是在全省建成农业旅游示范点100个，乡村旅游定点户发展到5000家，接待游客5000万人次，实现经营收入占全省旅游收入的10%。因此，发展创意农业具有广阔的前景，大有文章可做。

创意农业已成为农业的下一座金矿。

（作者单位：四川省工商局）

农民工就地培训更符合实际

耿晓蕾

我国是人口大国，目前农村有1.5亿富余劳动力，每年还将新增劳动力600万，转移就业任务非常艰巨。而随着经济发展水平的提高和新兴产业的兴起，缺乏转岗就业技能的农村富余劳动力的就业难度越来越大。在这种情况下，对农民工的培训就成了时代的要求。

笔者认为，对农民工的培训不仅需要外部的政策支持和保障，还需要从农民工自身的特点和实际需求出发，找出对其更有利的培训方式，使其真正得到实惠。同时，当前农民工出现了一定的群体分化，同质性减弱异质性加强，这就要求对农民工的培训应考虑其性别、年龄、文化等多种因素，以使培训的效果最大化。

本文通过对农民工群体进行问卷调查、参与式观察、深度访谈和焦点访谈等方式了解农民工最真实的想法和需要，以便为农民工培训提供建议。

一、就地培训的原因分析

从培训地点来说，对农民工的培训主要分为输出地培训和输入地培训。输出地培训主要是指农民工进城之前在其家乡进行的培训，而输入地培训主要是在农民工就业地进行的培训。在输入地，有大量的职业学校和私人培训机构等培训资源，并且在劳动力需求类型上能更好地做到以市场为导向，将培训与就业很好地衔接起来。但笔者认为，对农民工的培训不仅要注重培训资源状况，更应从农民工的需要和特点出发使培训效益最大化，否则就会造成资源的浪费，而在输出地对农民工进行培训具有更强的可行性。

（一）可以降低农民工外出成本

农民工外出务工的直接目的是获取经济利益。调查发现，26.7%的农民工之所以不愿意参加培训，是因为在他们看来，如果把时间用来参加培训就会减少工作时间从而减少收入。而在输出地对民工进行培训，首先可以降低农民工的生活费用，也就是间接增加了其经济收益；其次可以使农民工对城市生活提早有所认识，并尽早做好角色定位。

（二）便于对农民工的组织与管理

农民工群体的流动性给输入地农民工培训带来一定的困难，常出现农民工由于工作转移而中途退出的现象，并且由于培训时间与考试时间有一定的距离，很多参加了培训却没能参加考试的农民工不能获得技能鉴定证书，这对需要持证上岗的农民工无疑是一个很大的损失。

然而，在输出地对农民工培训则表现出了很大的优越性。从组织上来看，在农村，农民工处于相对静止的状态，可以确保其持续性地完成培训。从考核上来看，无论流动到什么地方，农民工都会同家乡保持一定的联系，考核机构可以把考试相关信息传达给当地的村委会，以使农民工及时了解这些信息。

（三）可以提升农民工外出的可行能力

人们一般把就业、识字水平、寿命等作为衡量人的可行能力的变量。同时，人们的可行能力还包括利益表达能力、经济参与能力和社会机会等。

调查显示，多数农民工由于没有一技之长进城后只能以出卖苦力为主，经济参与能力极为低下，而且就业竞争力低，可替代性强，有技术的民工则相对紧缺。在输出地对农民工进行培训不仅可以提高其就业竞争力，降低其可替代性；还可以通过法律知识和城市规则的培训，提高其维权意识和法律意识，更好地维护农民工的利益。

二、完善农民工输出地培训的几点建议

（一）做好培训宣传及选择恰当的培训时间

在很多地区，许多农民工对培训仍存在怀疑，甚至不知道培训信息。要提高农民工培训的参与度，应着重做好以下两个方面的工作。

1. 信息宣传：要充分利用电视、报纸等传媒进行农民工培训信息的报道宣传。对一些交通不够发达的落后地区，发挥口口相传的作用，让经纪人担当宣传角色。同时，也可考虑在农民的聚集场所集市做一些正规宣传。

2. 时间选择：很多农民不仅要从事农业生产，还要外出务工，所以对农民来说，冬季培训比较恰当，特别是春季前后，农民工大多回到家乡，是对其进行培训的最佳时间。

（二）根据培训对象的不同情况制定相应的培训计划

由于在年龄、文化、技能等方面存在差异，农民工培训不能实行“一刀切”，而需根据其具体情况制定相应的培训计划。

1. 文化：农民工文化程度不同，对知识的接受程度有很大差异。所以，应对不同文化层次的农民工使用不同的培训方法。同时，把小学以上文化程度的农民工作为培训主体。因为他们有一定的文化基础，拥有相对良好的接受能力，可以使有限的培训资源产生更大的效益。

2. 年龄：当前，青壮年农民工是外出务工人员的主体，同时，他们大多具有良好的文化素质和工作热情，所以，对青壮年农民工的培训变得更为重要。

3. 性别：一般来说，对女性的培训多集中在保姆、美容等服务行业，而对男性民工的培训多集中在建筑工、电焊工、车工等行业。

（三）培训内容和方法与实际需求挂钩

由于农民工外出的利益导向很明确，所以对他们进行培训，首先在内容上要具有实用性，培训内容应以市场为导向，使培训与就业密切联系起来，使其参加培训后能提高就业竞争力或劳动收入；其次，培训方法应按农民工实际可接受的程度来安排。

三、小　结

对农民工进行培训，提高农民工的劳动技能已成为加快我国产业升级、经济社会发展的内在要求。但是，在现阶段来看，用什么样的方法对农民工进行培训才能收到良好的效果仍处于探索阶段。笔者认为，无论采取什么样的培训方式都应当从农民工的需要出发，以满足农民工的需要为目的，不仅需要国家的大力支持，制定相关政策，各级政府严格执行，还需要农民工的积极参与，不断提高自身素质，为我国经济社会发展增强后劲。

（作者单位：河海大学公共管理学院）

乡村旅游发展助推新农村建设

——以遵义市汇川区娄山关村为个案

王　珏

十六届四中全会提出建设社会主义新农村的号召后，我的家乡贵州省遵义市在探索新农村建设的过程中，按照“生产发展、生活宽裕、村容整洁、乡村文明、管理民主”的总体思路，结合遵义市的实际，创造了“四在农家”（即“富在农家，学在农家，乐在农家，美在农家”）的发展模式，为西部贫困地区开展新农村建设探索出一条符合当地实际的路径，引起社会各界和学术界的关注。在“四在农家”的创建活动中，他们将村容整洁、村庄整治和“乡村旅游”结合起来，以扶贫开发和农业产业结构调整为方向，将乡村旅游作为新农村建设的有效载体和手段，取得了很好的成效。

2012年暑假，我前往汇川区板桥镇娄山关村进行乡村旅游发展情况的调查。当地群众凭借凉爽宜人的气候、宁静舒适的乡村环境，集合新农村建设的村庄整治和农村危房改造，发展以避暑休闲为主的乡村旅游，吸引了来自重庆的退休老人旅客群体。既改善了自己的生产生活环境，又提高了收入，有力地助推了当地的新农村建设。

一、娄山关乡村旅游发展概况

乡村旅游是依托于农村良好的自然环境和文化景观，以及农业生产活动、农村田野风光、地方的民族风情，利用城市与农村之间的差异，吸引城市居民观光旅游、娱乐休闲，从而推动农村旅游业的发展，其对加快新农村建设的作用不容忽视。

横贯娄山山脉的兰海高速公路遵崇段正好从娄山关下通过，自2001年5月启动征地拆迁工作以来，汇川区政府征用了农民的住房与土地，虽然拆迁了农民的住房，却为农民安置了新的住房——小青瓦、坡面屋、转角楼、雕花窗、白粉墙构筑而成的“黔北民居”，成为公路沿线一道亮丽的风景线；汇川区板桥镇党委、政府把乡村旅游作为推进新农村建设的重要抓手，制定了全镇乡村旅游产业规划，出台了相关扶持政策，并与“四在农家”创建、农村危房改造有机结合起来，大力推进乡村旅游的发展。到2011年底，累计财政投入资金八百多万元，挂帮部门投入二百多万元，带动社会投资上亿元。发展乡村旅游的理念深入人心，呈现方兴未艾的良好态势。

据统计，到2012年7月底娄山关景区乡村旅馆已发展到268家、床位八千多张、餐桌一千三百多张，经营业务有避暑住宿、日常餐饮消费、休闲娱乐等，从业人员已逾千人，2011年营业收入达到4500万元。来自乡村旅游的收入占农民年收入的25.89%，超过烤烟产业、务工等方面的收入，成为农民增收致富的主导产业。其中板桥镇娄山关村打造的“长征休闲避暑山庄”，接待到此避暑度假的重庆客人，获得较好的经济效益，纯收入少的有2万元，多的达5万元以上，实现产值一千多万元。

“金钟人家”是汇川区新农村建设的示范点，是汇川区发展乡村旅游的排头兵。在兰海高速公路遵崇段开工建设之前，金钟人的生活就只是守着一亩三分地，看天吃饭。收入来源仅仅靠种地卖菜，经济总量十分小。

兰海高速公路遵崇段通车后，在政府的鼓励和带领下，全组村民开始积极行动起来，尝试发展农家乐和乡村旅游。山庄老板谭光荣和自己的三个儿子还通过银行贷款在组里率先修建起了自己的乡村旅馆，并定名为“金钟人家”，每个周末和节假日都会迎来不少前往旅馆休闲娱乐的城市居民，而谭家也在发展乡村旅游的过程中收获了首个致富年。

如今，随着乡村旅游人气的不断累积，能到“金钟人家”里去过一过田园生活已经成为人们一种难得的享受。而随着时间的推移，“金钟人家”也已发展成为集独立餐厅、标准客房、娱乐场所于一体的星级乡村宾馆，在板桥镇和汇川区名动一时。此外，在其带动下，金钟村民组近年来也陆续兴办起乡村旅馆15家，实现餐饮收入80万元，实现收入40万元，一举摆脱了过去贫穷落后的帽子，走上了奔小康的致富路。

二、娄山关村发展乡村旅游的总体分析

（一）优势分析

由于汇川区板桥镇的娄山关景区是国家森林公园，又是全国爱国主义教育基地，农民的土地多已退耕还林，从自然和区位的角度也无法走工业化致富的路子，走农业产业结构调整和根据当地气候凉爽的优势发展以避暑休闲养身为主的乡村旅游不失为一个很好的设想。

1.红色文化

在娄山关发生的娄山关战役是红军长征途中取得的第一个胜仗，保证了遵义会议的顺利召开，使娄山关成为我国重要的“红色”爱国主义教育基地，被光荣地载入中国革命史册。这是吸引全国各地的旅客前来观光，为乡村旅游增加特色的一个亮点，能吸引到更多的旅客。

2.绿色生态

娄山关拥有国家森林公园，整体生态环境非常好，没有任何污染，四面环山，森林茂密，因此具有清新的空气，黄昏时分上大娄山顶，能见到毛主席诗词《忆秦娥娄山关》里“苍山如海、残阳如血”的景色。

3.得天独厚的宜人气候

娄山关是大娄山脉的主峰，海拔1576米，相对高度常达500米，因地势较高，故夏无酷暑，冬无严寒，热量较充足，光照条件较县内其他地区好。在夏季，是消暑的最佳圣地；在冬季，是避寒的优先选择。

4.农家美食

除了远近闻名的正宗黔菜之外，汇川区板桥镇娄山关村与桐梓县也有属于地方的特色美食，打造出自己的农家美食品牌。特色菜中大多是一些野味，如招牌菜冷水鱼、黄焖鸡等，更有贵州独有的鱼腥草、龙爪蕨菜等，还能尝到娄山关的特产豆腐干。从正餐到小吃，价格便宜，味道极好，独具风味。

5.价格低廉

乡村旅游不仅能为城市的旅客提供宁静舒适的乡村环境、凉爽宜人的气候、可口的具有特色的农家饭菜，更以低廉的价格吸引着从高物价的城市而来的游客，使他们花钱花得心甘情愿，花得值得。

6.交通优势

桐梓县和娄山关景区交通便利，我国的兰海（兰州—海南）高速公路贯穿遵义市。201国道，以及正在建设的黔渝高速铁路都贯穿乡村旅游的景区，并在汇川区、桐梓县都设有站台，使得汇川区板桥镇娄山关景区与桐梓县的交通非常便利。其中重庆市（遵义乡村旅游目前主要市场）到桐梓县仅232公里，贵阳市据娄山关仅180公里，交通方便快捷。

（二）不足之处分析

1.规模小且难以扩大

正处于启动期的汇川区板桥镇娄山关景区、桐梓乡村旅游的规模还很小，在宣传不够的情况下已经拥有大量的游客，有供不应求的趋势。但大多数农民依旧无法摆脱对土地和农业的依存，市场意识薄弱，而文化程度较高、懂得如何经营“农家乐”的子女大多在外地打工，留守在家的多数是老人和儿童，他们没有开办“农家乐”的意识，故乡村旅游规模难以扩大。

2.乡村旅游基础设施和配套不足

· 村内道路不是非常通畅，需要修建环村道路。

· 大多数乡村旅馆没有开通网络，用电和热水的提供也会间断。

· 由于到农村来避暑长期居住的多数是退休的老人，医疗的保障是必须的，但是在农村里缺少医疗设施，较好的医院在城镇，离农村有一定的距离。

· 乡村旅游资源不具有稀缺性。红色景点规模不大，绿色生态环境与其他乡村区别不大。

3. 乡村旅游项目少

如今的汇川区板桥镇娄山关村的乡村旅游项目主要以避暑、吃“农家饭”、与“乡村旅馆”为主。项目有些单调，不能形成规模较大的连带旅游产业，不足以吸引大批的旅客从较远的地方前来，也不足以吸引各个年龄阶段的旅客。于旅游业来说，以家庭为单位的团体是需求最大的，但是项目单一无法满足家庭单位中年轻人和小孩的娱乐需求，故规模很难扩大。

三、发展娄山关村乡村旅游的对策建议

1. 大力争取省市各级政府部门的支持，尤其是资金、项目和政策方面的

支持。

2. 做好乡村旅游整体开发规划，没有一个好的规划是很难打造出一个可持续的乡村旅游景区的。

3. 继续挖掘遵义的红色文化、绿色生态、民俗风情、农家美食等旅游内涵，整合这些资源，打造具有特色的乡村旅游景点和游乐项目。需要设置一些游客参与体验式的旅游项目，比如在水果收获的季节，可以让游客自己摘水果参与其中，农家乐方面可以设有采摘、垂钓等项目，还可以安排太极练习及养生方面等活动。

4. 做好乡村旅游的宣传推介工作。信息时代需要现代传播媒介来打响遵义乡村旅游知名度和口碑，既可以利用传统的媒体如报纸、电视、广播等，更需要网络媒体如网站、论坛、博客、微博等来迅速传播。

5. 确立娄山关村乡村旅游发展定位：红色文化、绿色生态、民俗风情、农家美食、养生延年。这是遵义农村发展乡村旅游的五大看点，也是值得挖掘的乡村旅游五大要素，初期不一定要大而全，可突出其中部分，根据市场反馈来逐步调整。经过一段时间努力，相信遵义农村是可以打造成一个具有自己特色的乡村旅游品牌。

（作者单位：中国农业大学经济管理学院）

两个移民村落的故事

■ 周绍宾

本文所及的两个移民村落，我们暂且就叫它们A村和B村吧，实际上都既是实体村，又是非实体村。我们用“村落”而不是“村”的概念，是因为它们并非通常意义上带有行政意义的完整村落，也不是一般情形下的自然散村。说它们是实体村，不仅在于它们都是实实在在的村庄生活共同体，而且也是实实在在的社会组织。说它们是非实体村，在于它们内部的村庄认同和归属感并不强烈，村民彼此之间并没有建立起“我们村”的概念。

A村位于大渡河正源玛柯河支流的则曲河畔，是一个以汉族为主的“自愿移民”村落。它的历史始于20世纪60年代初，是内地一些因灾荒或其他原因“流落”到这里的移民聚集而成的“小农场”，人口不过二三十人，后来在大办农业的口号下，一批干部下放到这里，成立干部农场，一度达到三百多人的规模。在大部分干部“解放”回到原单位后，农场规模变小，只剩下三十多人，但都是“吃国家供应的单位人”。由于这些“单位人”在本地很难找到媳妇，大多数人又回内地老家找媳妇，然后带过来，于是农场的人员又增加不少，逐渐有了第二代、第三代。到现在，全村在籍的有六十多户二百多人，常住户24户84人。A村的生产活动几经变化，开始以农业生产为主，种植青稞、洋芋、油菜等，集体办有养猪场。20世纪80年代初实行包产到户，当时人均耕地近四亩，不算边角地。1991年县农牧局征用了全村大部分土地，各家各户只留少量自留地，主要用于种菜自食。2005年县科技局又租用了三十多亩村民的自留地，建立中药材实验基地，至此A村只剩下两亩多机动地了，被迫实行生计转型。现在大家已基本实现生计转型，把生产活动从种养殖业转向二三产业。在我们走访的A村17份样本中，2户种植大棚蔬菜，3户养蜂，4户开摩托车修理店，1户开汽车修理，1户经营餐饮住宿，7户开小卖部，跑运输3户。而且过半家庭不只从事和经营一样生计活动，如从2006年起，A村作为该县的新农村建设示范村，就立项了养蜂（3户，90桶）、养猪（计划搞3年，实际上只搞了1年，共9户276头）、养羊(搞了2年，每年100头，共200头)、养牛（2009年100头)、大棚蔬菜（3户)。

同时，他们已经不太关心土地了，也不太关心村子的未来，他们更关心自己子女今后的安排和如何“下山”，也就是回内地或老家。村民对村庄没有太多的留恋和太深的感情，他们对村庄的认同绝大部分仍都是老家的村而不是现在居住的村，尽管他们在老家已经没有了户籍和土地。虽然同当地原住民（藏族）在生产生活上有一定的依赖性和互补性，但基本上仍是两个生活圈和文化圈。

B村位于大渡河正源玛柯河畔的一个县城边，村史比较短，是从2005年三江源保护区实施生态移民工程以后才开始形成的一个移民定居点。其村民全都是从草地退化严重的高山牧场迁移出来的藏族牧民。第一批“村民”有50户二百多人，由于生态移民工程的继续实施，“村庄”会继续扩大，“村民”越来越多。在组织管理方面，B村既不是传统的游牧村落，成员间原来的地缘和亲缘关系已经被打破，但也没有按照现代的城镇社区模式来组织，他们领取迁移补助和生活补助都是以原来的村（牧委会）为单位。村民虽然有共同的身份——同一定居点的居民，但在认同上还没有适应和稳定，彼此的关系更多是以原来的村（牧委会）或者是更久远的“部落”为基础来认定的。村民原来以游牧牦牛、羊为主，兼采挖虫草等药材维持生计，过着“逐水草而居”的生活。搬迁到移民定居点后，大部分村民在采挖虫草的时候回牧场采挖虫草，其余时间处于无业状态，生活和交往的网络圈非常狭小，虽然觉得定居有很多好处，但还是难以融入到城镇的生活和文化中。只有少数村民实现了生计转型，在从事二三产业的同时，以积极的态度适应城镇新的生活方式和行为观念。

笔者在B村走访的40份样本显

示，大部分村民除了挖虫草的收入和政府补助外，没有其他生活来源。其中，以虫草收入为第一收入来源的有18户，以移民补助为主或仅有此项收入的有14户，经营二三产业为第一收入来源的有8户。从生计活动来看，只有少数村民实现了生计转型，家中没有一人实现生计转型的无业户达15户，有1人以上做生意、跑运输、做藏服的有25户，但整体来说，就业状况不太理想，收入不稳定。

事实上，尽管两村的生计资产总值都不高，但A村却明显高于B村。在人力资本、自然资产、物质资产、金融资产、社会资产方面，B村除占有虫草资源优势外，其他各项都明显弱于A村。但因为虫草资源越来越少，而且A村在收购、贩卖虫草、甘松、贝母等中药材方面盈利不少，这样就消弱了B村仅有的优势。

在家庭从业人员上，A村要明显强于B村。A村成年人口中，只要有劳动能力的，不论男女即便是老年人都有从业收入，或者开小商店，或者圈养猪羊。而B村的老年人基本上没有从业收入，年轻妇女除采挖虫草外主要是家务劳动，一些青壮男子在采挖虫草之外也是无所事事。这些都表明，A村的生计活动远比B村活跃。

教育和健康状况，不仅是生计资产的重要指标，而且对于居民的生计活动、生计转型与社会适应产生着直接的影响。从两个村的情况来看，A村涉访人数58人，其中成年人39人，其中小学文化8人，初中文化17人，高中文化9人，中专2人，大学1人，文盲2人。B村涉访人数162人，其中成年人99人，最高学历藏文初中，文盲60多人，全村不到10人会说汉语，而且不太熟练。A村常年身体不健康的只有1人，而且是高龄老人；B村有47人常年身体健康状况不佳，占走访人数的29%，有的甚至很严重，如肝病、结核病、胃病、妇科病等，青壮年群体特别是妇女健康状况不太理想，人均医疗费远远大于A村。

由于两村教育和健康状况的不同，使两村在生计转型和社会适应方面呈现出极大的差异。A村因为教育程度较高，又有一定的圈养技术和非农牧技能，所以在失去耕地后，能发挥自身长处，利用地方资源优势，抓住政策和市场机遇，比较及时、顺利地实现生计转型。B村因为教育程度很低，又缺乏圈养技术，少有其他非牧技能，在移民后的生计重建中比较被动，除了少数村民能寻找到替代生计，实现生计转型外，多数人难以改变“无技能、无文化、无本钱、无社会关系”的局面，生计活动空间狭小。

由于生计的多样性不同、社会适应能力不同，两个村的村民对未来生活的预期及改进措施也存在很大差别。A村的17户中，对现在生活很满意或比较满意的有14户，占82%，不满意或无所谓的3户，占18%；B村的40户中，对现在生活很满意或比较满意的34户，占85%，不满意或无所谓的6户，占15%。在A村的生计资产、生活水平和社会适应等方面都明显高于B村的情况下，为什么B村的生活满意度还要高于A村呢？我们认为与两个村村民的宗教信仰、生活方式及原来的生活状况有很大关系。A村村民以汉族为主，生活面向比较世俗化，物质和文化生活的市场化程度比较高，生活的参照点是城里或内地的生活。B村村民全是藏族，信仰藏传佛教，生活面向的世俗化比A村要弱，生活的参照点是原来在牧场的游牧生活。

对未来生活的预期，A村多数村民希望子女能有良好的教育和职业，能够进城或回内地发展，而且已经有一部分进城或回内地了，对未来的信心比B村要足，生活设计比B村明晰。A村的17户调查对象中，对未来生活有信心的16户，占94%，无所谓的1户。B村的40户调查对象中，对未来生活有信心的27户，占67%，没信心、没想过、不好说或无所谓的13户。对于生活中的困难，A村17户表示都有困难，或者资金不足，或者信息不通，或者是对市场风险的担心，倾向于发展性困难；B村有31户表示有困难，其中没有稳定收入的18户，健康问题的15户，生活问题的3户，没牛粪的2户，缺少本钱做生意的2户，倾向于生活或生存性困难。对于如何改进生活，A村有16户表示有改进措施，主要是从两个层面来考虑：一是从集体的角度，希望充分运用国家政策，争取政府项目，改进基础设施和公共服务；二是从个人和家庭的角度，希望获得更多的教育培训，争取政府资金贷款和信息服务，充分利用区域资源优势，扩大现在经营规模。B村明确表示没有措施的7户，有应对措施的23户，其中多数仍停留在采挖药材特别是虫草的传统生计上，部分表示要做生意、开商店、跑运输等，有20户希望获得政府资金贷款或非牧技术培训，其余20户却希望通过获得政府资金救济来改善生活。

总之，作为两个不同性质的移民村落，虽然也有因隶属于不同行政区划的政策差异和不同的区位资源差异，但在生计重建与转型、社会适应与未来生活预期等方面的差异主要还是自身的因素造成的。虽然都把生计的多样化作为基本策略，但作为以藏族为主的生态移民村B村，因为教育程度低，健康问题比较突出，加上原有的游牧生活方式和非世俗化的生活面向，使其在生计发展与社会适应等方面都显得比以汉族为主的自愿移民村A村脆弱。

（作者单位：重庆师范大学历史与社会学院）

七天：一个婚姻

曾祥明

打工经济下，农村发生了巨大的变化。走了青年男女，留下老弱病幼。如今，人们时常谈论“留守儿童”、“留守老人”、“空心村”，各类描述农村萧条的新词一一诞生，却忽视了同样需要关注的农村青年的婚姻问题。婚姻是一个国家人口繁衍、社会和谐与持续发展的关键。作为一个农业人口占多数的国家，关注农村人的情感、婚姻与性是十分重要的。这让我想起了去年春节在农村老家时看到的一个令人思考的七天。春节，对于在外打工的青年男女，是一个难得的休息放松机会，更是一个相亲求偶的好时机。有的人长年在外工作，又由于工作的特性，一般难以接触异性，也没有时间去了解异性。这个时候，同乡、同学以及同学的同学、老乡等就成了可信任也可追求的对象了。于是，有了我见到的这个“故事”。

大年初三，一个阳光明媚的上午，已26岁的邻居男孩心事重重。什么事情呢？因为今天他要去相亲，见一个本村女孩。虽说是同村，但初中毕业之后就在外工作，多年未见，心里没底。但是年龄到了，26岁，在本村来说，这个年龄已是大龄青年了。很多女孩不到20岁就已经订婚，甚至嫁人完婚了，男孩子到了22岁左右没有结婚或定亲，那就意味着这个男孩有问题或者他的家庭不行，在当地既没较好的经济实力也无较好的声望。之后就意味着他和他的家庭在当地是很没面子的，这会进一步导致娶不到老婆。所以男孩的忐忑之情可想而知。男孩担心的是：一是自己并不善言谈，更何谈约会的幽默；二是自己这几年来打工并无多少积蓄，经济能力有限；三是女孩已经有了另外一名追求对象，但因为是一名远亲，女孩父母并不乐意；四是女孩有一定姿色，看得上自己吗？五是自己和女孩适合吗？但是男孩的父母还是相当有信心：一是知道女孩的父母不同意另一男孩的追求；二是希望女孩早日嫁出，最好嫁得不远，因为其没有儿子，希望这个唯一收养的女孩嫁得近一点；三是男孩的哥哥刚好新开了一家小工厂，这是有一定经济实力和能力的表现，虽然并不是男孩自己，但会增加整个大家庭的声望。

更令男孩烦恼的是，自己还多么想去谈谈恋爱，找一个自己追求过的姑娘成家。可是这几乎是不可能的。自己没钱，怎么在外面谈恋爱，自己也很不可能在外面定居，有女孩愿意和自己回到这个小山村吗？这些年也没有和女孩接触过；父母总是在催自己；更可怕的是父母已经跟女孩的父母说过想结亲，女孩父母并没反对。吃过早饭，男孩还是在父亲和媒人的陪同下，一步一步来到女孩的家里，其实这段路程并不远，只有不到二十分钟的步行路程，可是男孩觉得好像走了很久。因为这次虽然不一定能成，但一旦女孩父母同意，就意味着自己一只脚已经踏进婚姻家庭了。说媒于是开始。男孩的父亲请的媒人是该村的支部书记，书记平时也有这个爱好，有人请更是乐此不疲，一来这是大家对他的认可，这是有面子的事情，这媒人不是随便什么人都能做成；二来还有一笔报酬，名利双收。自信只要他出面，一般都能谈成，近年来更是到处撮合，成为该村主要媒人之一。其实女方也乐意有一个较好的媒人，只要男女双方愿意，对方还行，有较好的媒人来谈既是一件有面子的事，又可对女孩的未来婚姻起到一定保障。因为大家是一个村子的，而且是由村支书保的媒。

事情进展比较顺利，媒约谈的差不多了。媒人告诉男孩的父亲，女方没多大意见，回去准备准备吧。男孩父亲明白了，急忙谢过媒人，和女孩的父母道别。

男孩家里很快把礼金凑齐了，于是，男孩父亲拿着礼金和媒人一起来到女方家里。在女孩家里吃完中饭，男孩他们就回去了，“定亲”完成。可是，男孩还是没有见到女孩，只能凭照媒人的比画和自己以前的印象。女孩应该不错吧，男孩这么想。

第二天，女孩的爷爷、父亲、叔叔等女方男性直系家属来到男方家里“看亲”。说是看亲，其实大家乡里乡亲的，住得这么近，加之农村的乡土熟人社会，对彼此的情况是比较了解的。看亲只是一种形式，把传统的规矩补上。因为规矩上有礼物钱财往来，形式可以简化，但礼钱不能简化。男方从早上开始准备，要把准亲家招待好，这是第一次，千万不能马虎。于是，男方的直系亲属和长辈都叫来一起热闹，这是“陪亲”。上午主要是茶点，打牌，聊天，了解情况。双方交流的人基本都是男性。男方这边的女性都在搞后勤，准备餐饮等。

女方这边的女性不到场。这样边吃边喝边聊到中午时分。在这期间，双方父亲在媒人见证下交换男孩和女孩的生辰八字，名曰“合八字”，这是用来选定婚期的依据之一。同时女方的其他成员主要是打探男方的各种情况，向女孩的父亲建议等。这个时候如果发现情况，把礼金交还男方就可以终止联姻。但出现这种情形的可能性不大，因为此时男方都在做着最好的招待。于是，大家就等着热热闹闹地吃中饭，一派和气景象。吃完饭，女方成员小憩片刻，就会启程回去。男方要礼炮相送，并给女方在场成员一人一个红包。红包的多少按当地习俗，男方照办就是。另外要给女孩和女孩的妈妈捎带红包。然而，此时男孩女孩还没有必要的交流，但家庭与家庭之间（或者说家族与家族之间）达成了某种协议。意味着这时女孩已经是男孩的人了，男孩是女孩的丈夫了，他们可以在一起生活了。至于他们是否达到法定结婚年龄，是否到民政部门登记，是否真心实意，无关紧要。关键在于婚礼这个仪式一定要举行，最好能够举办得体面一点。仪式一经举行，男女双方以及其他村民就会认可。热闹的仪式胜于无声的结婚证。这种乡村婚姻一般比较稳定，要解除涉及的就不仅是男孩女孩两个人的事情。费孝通先生曾说：“乡土社会，结婚不是个人的私事”。弄得不好，新添这两个家族之间的矛盾，尤其是男女双方的家庭。一个村庄，低头不见抬头见，这也是近年来“同村婚”不被看好的最主要原因。

第三天，男孩开始和男方成员去女方家里，办理“认亲”。媒人也去，主要起主持的作用。这个时候，男孩和女孩可以相互交流了，也许这两天他和她都是寝食不安，都在想象着未来的她（他）吧。初次见面，难免尴尬，而且还是这么亲密的见面。可是并没有想象中的尴尬，好像双方都明白，也许这就是我们的结局，虽然没有谈过，但感情结了婚后可以慢慢培养。就这样时间一分分过去，迎来了中午。这时女方要招待男方吃午饭。事实上也如此，自男方来时，女方女性亲属就在张罗着午饭。照例是一顿酒足饭饱，一片和和气气。吃过午饭，男方女方闲谈一会儿，男方告辞回家。就这样，男女双方的联姻已经是指日可待，只等吉时成婚了。男孩女孩也已经有了心理认同，不管是主观上还是客观上的。

第四天，双方家庭之间没有什么活动，但是男孩女孩可以约会了。男孩可以去找女孩玩或者一起去哪里玩，他们已经是被承认的一对新夫妻了。他们不得不抓紧时间，因为初九他们就要去各自的打工地上班了，可能要到过年的时候才会相见。这对于彼此都是一种心理折磨。

就这样，接下来的几天男孩和女孩都尽可能地在一起聊聊天，散散步。各自父母和其他人是不会反对的。第六天他们一起到附近的一座在当地负有盛名的寺庙游玩。庙在当地一座高山上，去那里有段山路，这样男孩女孩就可以独处一段很长的时间，而且没有其他人干扰。

终于，初九不期而至。笔者没想到的是，女孩不是去自己以前工作的地方，而是和男孩同行。这个决定是什么时候决定的，昨天，还是刚刚？谁做的决定，男孩、女孩，还是一方或双方的父母？这些也都不重要了。重要的是男孩和女孩在上午搭乘同一辆客车去男孩的工作地去了，于是，我国大地上新添了一对“小两口”。

今天，我收到了男孩女孩的结婚邀请。于是，回忆了这一幕。在我看来，这种农村青年的闪婚，既是他们在新形势下对婚姻爱情的适应，更是社会转型下的无奈之举。

（作者系中国政法大学＆里斯本大学博士）

一起历史遗留上访案件化解纪实

■ 吴　才

方城县城关镇搬运站成立于1969年4月，隶属于城关镇商业公司。搬运站班子成员是抽调村（街）部分干部组成，搬运工来自城关镇各村（街）居民，招募方式为通知搬运工参加搬运工作，所有班子成员及搬运工没有办理招工手续及粮食关系。20世纪80年代末，由于漯南（漯河至南阳）铁路中断，搬运业务难以维持，许多搬运工找不到活干，陆续离开搬运站，全站仅有5名行管人员留守并管理该站。1998年5月，城关镇搬运站改制为“方城县凤瑞路土产日杂商场”，5月25日制定了搬运站改制情况细则，对82万元资产进行了处置，偿付各类款项406958.56元，给予毛建华等5人一次性补助报酬45560元，两项共计452518.56元，余下367481.44元属公共积累归城关镇政府。1998年，原搬运站人员申某等92人向方城县劳动争议仲裁委员会申请仲裁，要求城关搬运站为其办理退休手续，兑现退休金及福利保险待遇。方城县劳动争议仲裁委员会作出（1998）仲裁字第02号仲裁决定书，认为申某等人均无招工手续和职工档案，也无固定工资标准，不具备国家职工身份，对办理退休手续和养老保险的要求不予支持。申某等人不服裁决，向方城县人民法院依法起诉，要求城关搬运站为其办理退休手续，并享受社会保险待遇。1999年5月13日，方城县人民法院作出一审判决，驳回了其诉讼请求。2000年，申某等人在法律程序走不通的情况下，以要求分配原搬运站资产解决生活待遇问题开始越级上访。

对申某等人的诉求，城关镇党委政府非常重视，组织专业班子进行了认真调查，通过调查认为，申某等人本身就是城关镇各村（街）的居民，无办理过任何招工手续和职工档案，当时上班是临时用工，没有固定工资标准，方城县劳动争议仲裁委员作出的裁定是正确的。2005年8月10日城关镇政府作出处理意见：对“上访人要求资产分配于法无据，不予支持”。申某等人对城关镇政府作出的处理意见不服，申请复查。2005年10月20日，方城县人民政府对信访人反映的问题进行了信访复查，复查意见是：“信访人不具备城关镇搬运站职工身份，不能享受国家正式职工有关的福利待遇，原企业财产与其无关，故其申请的信访事项不予支持”。信访人对此意见表示不同意并拒绝在意见书上签字。

复查结束后，镇政府考虑到这部分人员年纪都在60岁以上，不能从事其他劳动，生活无着落。从多次与这部分人的接触中，亲身体会到他们家庭确实困难，对他们的处境深感同情，本着以民为本的原则，镇党委、政府经过认真研究，在镇财政十分紧张的情况下，决定拨款4.5万元给这部分人，解决他们的生活困难，对个别特困人员，镇政府协调民政部门办理了低保。这部分人十分感激，签订了停访息诉协议，保证今后不再为此事上访，彻底解决了城关镇多年来遗留的一个老大难问题。

从案件解决的程序看，此案已通过了劳动仲裁、法院诉讼、信访三级终结，案件的定性和处理结论都是正确的，上访人再就此问题上访就是无理诉求。但城关镇党委、政府没有简单地一推了之，而是把群众的困难当作自己的责任，通过实施帮扶救助实现息诉罢访。目前，这种历史遗留问题很多，诸如民师、乡村医生、下岗职工等，他们在当时的历史背景下为社会做出了一定的牺牲，可现在这批人年龄大了，失去了劳动能力，但解决他们的生活问题又没有一定的政策和法律依据，这就需要我们各级党委政府正确对待这一问题，要像城关镇政府那样，从社会稳定的大局出发，从实施帮扶救助的角度去解决他们的实际困难，反映我党执政为民的理念。

（作者单位：河南省方城县信访局）

离婚后讨要承包地 法官调解圆满了结

■ 田文忠

2012年2月28日，云南省元谋县法院民二庭成功审结了一起离婚后引发的土地承包经营权纠纷案件。通过承办法官耐心细致的调解，原告杨某某与被告冯某某最终达成调解协议，被告同意将1.73亩土地划归原告耕种。原告杨某某母女三人胜诉后，百感交集，脸上露出了久违的笑容。

法院审理查明，原告杨某某与被告冯某某于1988年结婚，先后生育两个女儿，一家四口人居住在元谋县元马镇大沟村，共拥有3亩多承包土地。2002年原、被告因感情不合，无法共同生活，婚姻难以为继而诉至法院，经法院主持调解离婚，两个女儿均由原告杨某某直接抚养。离婚后，原告带着两个女儿回到元谋县江边乡湾子村娘家居住生活，母女三人的承包土地一直由被告冯某某耕种。随着岁月的流逝，原告的劳动能力逐渐减弱，两个女儿也相继长大成人，经济开支逐年增加，加之没有稳定的经济收入，单靠打工挣钱，母女三人的生活捉襟见肘、举步维艰。原告母女三人多次向被告提出要求分割承包土地，被告均以原告带着两个女儿回到娘家居住生活、自动放弃土地承包经营权和部分土地被政府征用为由，拒不同意分割承包地。无奈之下，杨某某母女三人起诉至元谋县法院，请求依法判令被告冯某某归还三原告的土地承包经营权。

法院审理认为，杨某某母女三人的户籍仍在元谋县元马镇大沟村，因此仍享有土地承包经营权，其承包的土地被冯某某个人耕种，三原告有权向被告索要属于自己的承包土地；而被告冯某某明知三原告依法享有土地承包经营权仍然长期占用土地拒不归还，已经侵犯了杨某某母女三人的合法利益，依法应予归还。庭审中，承办法官考虑到原、被告曾经是夫妻，而且还生育了两个女儿，一家四口毕竟共同生活了十几年，夫妻虽然分离了，但父亲和女儿的亲情依然存在。如果一判了之，会使父女之间产生隔阂，给社会增加不和谐因素。于是，承办法官从情、理入手，本着“以和为贵”的思想，对两方进行思想疏导，说服教育。经过三个小时的说法论理，最终双方握手言和达成调解协议：被告冯某某同意将现有土地中的1.73亩承包地划归原告杨某某母女三人使用，其余被政府征用的土地补偿款全部归被告冯某某所有。至此，一起离婚后引发的土地承包经营权纠纷案件以和谐的方式圆满了结。

笔者认为，土地是农民的主要生产资料。根据我国《物权法》的规定，土地承包经营权是一种与债权具有不同性质的物权；我国《农村土地承包法》中也明确规定：集体经济组织成员有权依法承包由集体经济组织发包的土地，任何组织和个人不得剥夺和非法限制农村集体经济组织成员承包土地的权利。夫妻作为农村承包经营户中的重要组成人员，与其他家庭成员共同享有土地承包经营权，对所承包的土地享有占有、使用和收益的权利。据此，在夫妻离婚时，双方的土地承包经营权受法律保护，任何人不得侵犯或剥夺。

（作者单位：云南省元谋县人民法院）

大学生村官现状调查及分析

——以湖北省咸宁市咸安区为例

■ 周 萌　王娟丽

一、大学生村官基本情况

（一）大学生村官的基本特征

在被调查的27名大学生村官中，大学生村官群体的基本特征主要表现在以下六个方面：一是男女村官的比例具有一定的差距，男性村官高于女性村官19.05个百分点；二是本地生源占有绝对优势，比例高达96%，只有一名来自外地；三是2/3的村官都是本科毕业生，其余1/3为专科毕业生，研究生及更高学历上表现为数据缺失；四是农村户口大学生村官占总数一半以上，是城市户口大学生村官的一倍；五是大学生村官任职时间大都为12个月以上，任职不足一年的比例仅为26.92%；六是文科毕业生比重最多，理工类和文体类的比例分别为18.51%，14.81%。

表1　被调查的大学生村官群体的基本数据分析

调查指标	分类指标	比例	调查指标	分类指标	比例
性别	男	57.69%	户籍类型	农村	61.54%
	女	38.64%		城市	38.46%
籍贯	本地人	96%	任职时间	3个月以内	缺失
	外地人	4%		3~6个月	缺失
学历	专科	23.08%		6~12个月	26.92%
	本科	76.92%		12个月以上	73.08%
	研究生	缺失	专业	文史类	59.26%
	研究生以上	缺失		理工类	18.51%
				文体类	14.81%

（二）大学生村官到农村工作的目的

大学生村官到农村工作的目的多样，主要集中在考研的优惠政策、考公务员的优惠政策、个人价值的实现、对农村的情感、为农村奉献、就近就业、为了自谋职业以深入基层学习农村知识、积累工作经验等几个方面。具体情况如以下表2显示：

表2

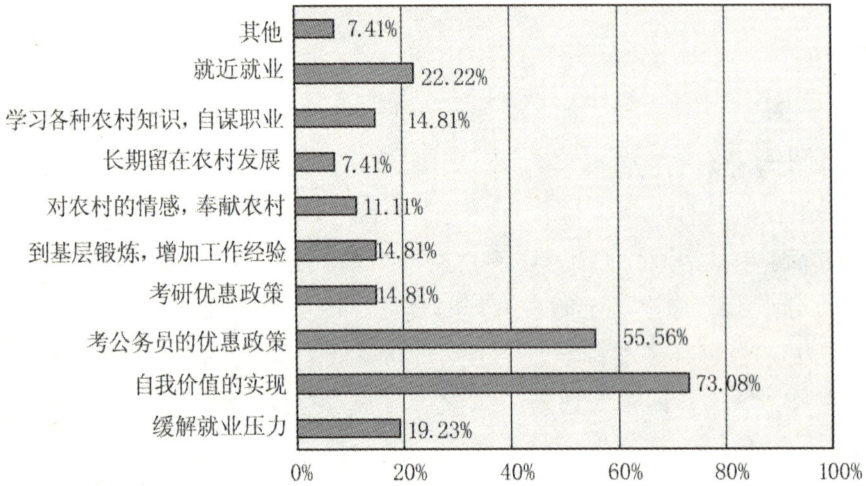

（三）大学生村官农村生活适应状况及情感状态

我们在调查过程中，了解到大多数大学生村官能适应农村的艰苦生活，仅有3.85%的人不适应。在个人情感方面，74.07%的大学生村官都没有男女朋友，其中1/3的人认为选择村官职业对他们的感情生活没有影响，25.93%的人认为有一定的影响（表3）。

表3

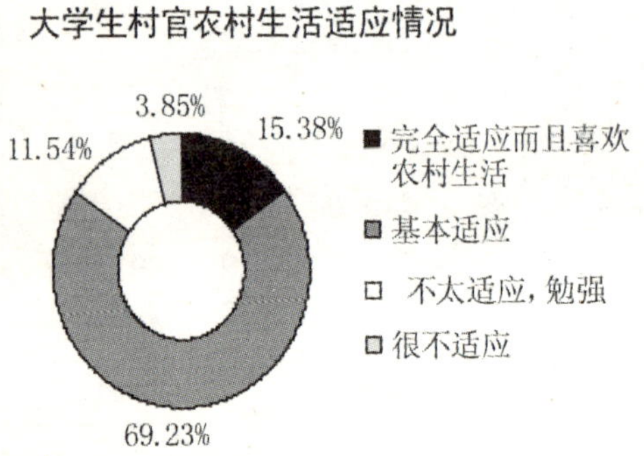

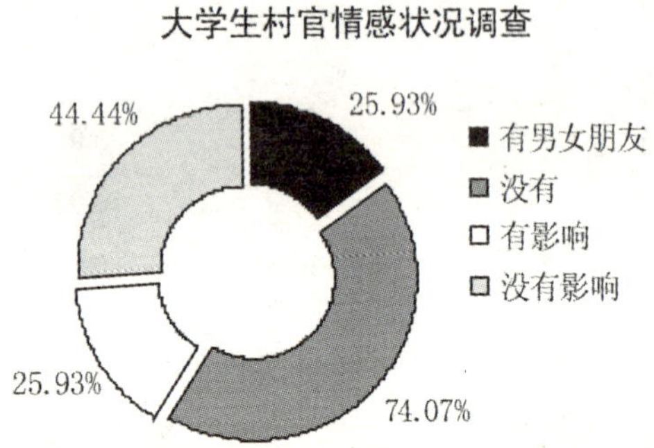

（四）大学生村官担任的职务及工作内容

从职位上来看，近七成大学生村官在村中担任村主任助理工作，1/3担任村支书助理工作；从日常工作内容来看，大学生村官从事一般性的日常工作，其中四成是纠纷处理工作，三成以上担任文秘和日常管理工作，其中党支部建设工作及村务决策工作所占比例较小。大学生村官在任职期间的培训情况，只有41.18%的人反映比较多，可见大学生村官培训次数相对偏少（表4）。

表4

现任职务	村支书助理	33.33%
	村主任助理	66.67%
日常工作内容	日常管理	33.33%
	纠纷处理	40.74%
	文秘工作	37.04%
	计生工作	29.63%
	村务决策	22.22%
	党支部建设工作	18.52%
与当地村民的交流情况	经常交流	37.04%
	不定期交流	18.52%
	偶尔交流	11.11%
	很少交流	14.81%
期间的培训情况	比较多	41.18%
	很少	23.53%
	偶尔	35.29%

（五）大学生村官的福利待遇

据调查，近8成大学生村官月工资报酬为1000元左右，2成为1500元左右，其中2000~3000元左右的不足1%，经济待遇明显过低。工资待遇太低、福利偏少，也是当前大学生村官“干不长，留不住”的主要原因（表5）。

表5

统计指标	分类指标（元/月）	比例
月工资薪酬	1000左右	78.21%
	1500左右	21%
	2000~3000	不足1%

（六）大学生村官合同期届满后对未来的打算

在被调查的大学生村官中，有半数以上的人选择考公务员，将近1成的人打算考研，自谋职业的占16.00%，暂时没有明确计划的占12.00%，继续续聘、长期扎根农村的不足10.00%（表6）。

表6

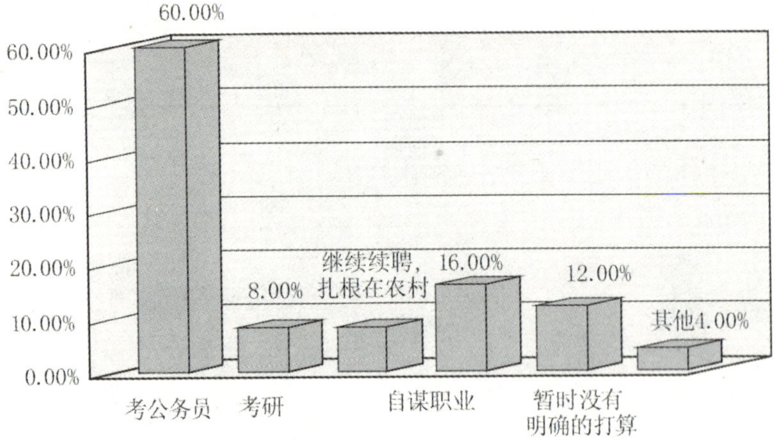

二、大学生村官的群众基础

（一）本村村民对大学生村官的态度

调查中发现，6成以上村民都认为大学生村官发挥的作用很大，有助于农村的发展，3成以上村民觉得大学生村官有一定的作用，但是主要是在基层可以锻炼大学生，仅有2.63%的村民觉得作用很小，大多数认为大学生村官的作用基本上发挥了，仅有少数觉得完全没有发挥，可见村民对于大学生村官政策是持肯定、支持的态度的（表7）。

（二）上级对大学生村官的态度

为了使大学生村官充分发挥作用，政府会给大学生村官定期组织一些培训活动，4成以上的村镇领导反映相关的培训活动比较多，主要是技术培训，认为这对大学生村官工作的开展很有帮助（表8）。此外大多数地方还组织了大学生村官交流会，7成以上的人认为组织这样的交流会对大学生村官的生活、工作很有帮助。

表7

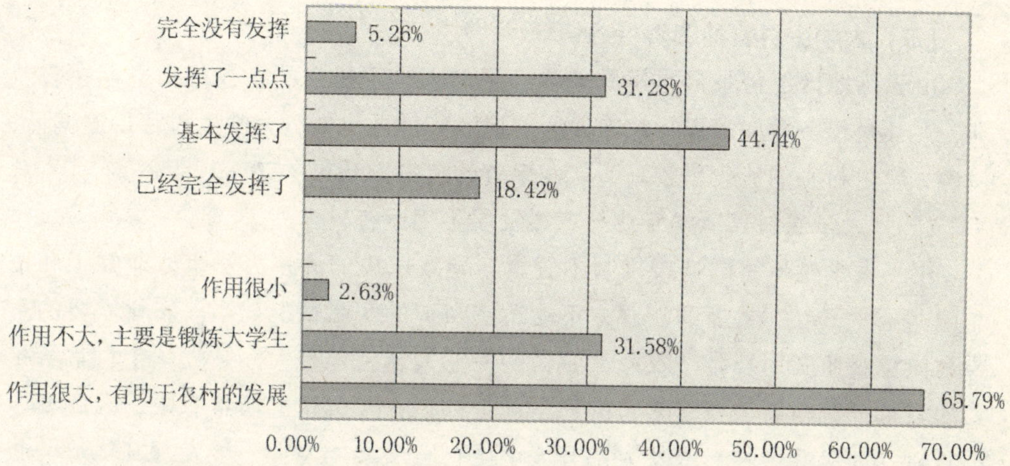

表8

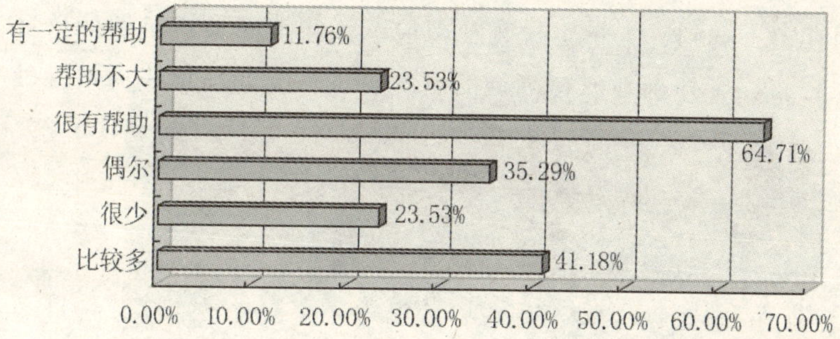

三、大学生村官存在的问题

（一）一部分大学生村官存在择业动机不纯的现象

大多数大学生村官选择当村官是为了缓解就业压力，考研考公务员等多种优惠政策的吸引，以此为就业“跳板”，本身没有扎根农村、立足农村发展的长远打算。其中也有一些愿意投身农村为百姓做事的大学生村官，但是因为理想与现实的冲突，面对农村复杂的工作环境，也使他们产生巨大的心理落差，挫伤了工作积极性。

（二）大学生村官的工资待遇偏低

由于各地区经济发展水平的差异，目前大学生村官的工资待遇也存在着差别，尤其是经济发展缓慢，较为偏远的地区其待遇更低，大学生村官待遇偏低，使得大学生村官的流失率较高，如四川省的流失率超过了70%。

（三）大学生村官所学专业与农村发展不相适应

由于大学生村官的选拔机制不健全，导致选拔的许多大学生专业知识和技能偏离了“三农”发展的需要，不能适应当地的实际情况。当前农村需要的主要是懂得农业实用技术、农产品营销的专业人才，但是大多数大学生村官所接受的教育都是精英教育，学习的都是理论知识，实践机会非常有限，因此专业不对口，针对性不强，致使大部分大学生村官所学的专业不能发挥其优势，心理压力大，在一定程度上也影响了大学生村官积极性和主动性的发挥。

（四）大学生村官的培训机制及就业保障问题

从调查中了解到，大学生村官在岗前、任职期间缺乏足够的培训，使得许多大学生村官在工作前对农村当地的情况、工作环境、风土人情都缺乏足够的

了解；在工作中缺乏与党组织的交流沟通，专业技术知识及政治理论知识的学习；在实际生活中与农民接触少，缺乏处理问题解决纠纷的基层工作经验，因此在展开工作时有一定的

难度。

大学生村官期满后的就业去向问题也是一直被关注的焦点，目前由于相关的政策与机制不健全，导致大学生村官合同期满后的安置与退出机制不明确，在去留的选择上很迷茫。

四、大学生村官问题的解决路径

（一）转换就业观念，根本出发点要以为新农村建设做贡献为主

大学生要想真正响应国家的大学生村官政策，那么出发点和目标要明确并且单纯，要有一颗奉献的心和虚心学习的态度，还要做好吃苦受累的准备。必须要以为新农村建设贡献力量为第一目标，只有这样才可能尽心尽力，不会出现“身在曹营心在汉”的情况。

（二）提高大学生村官的工资待遇，将其纳入社会保障体系的主体

出台一些保障大学生村官待遇的激励措施，提高大学生村官的工资待遇，完善相应的社会保险补贴和岗位补贴、薪酬补贴和生活费补贴制度，使个人生活有保障，解决其后顾之忧，使大学生村官可以在基层安心工作，尽力发挥其才能。其次，将大学生村官纳入社会保障体系，当地政府可以为大学生村官提供部分社会保险，让大学生村官可以像公务人员一样带着保障流动起来。有了更为完善的保障体系，才能吸引更多的人深入基层热心服务。

（三）改善大学生村官的选拔机制，完善其专业知识结构

由于大学生村官选拔政策的片面性，造成了许多专业人才的浪费，农学经济类的专业人才缺失，因此结合地区发展的要求，从实际出发，选择符合当地发展需求的大学生人才至关重要。大学生村官选拔机制不仅要坚持“公平、公开、公正”原则，严格选拔，选出真正热爱基层工作、愿意长期在农村奉献的优秀村官，而且还要在选拔之前征集不同地区对专业人才的需求，因地制宜，根据岗位合理分配，提高大学生村官的“含金量”，适当地增加农林、经济、法律类专业人员的比例。只有这样，才能选出真正的优秀人才，促进当地经济的快速发展。

（作者单位：三峡大学法学院）

湖南农户为何融资难

范素琴

为了解湖南农户融资需求状况、融资市场特征以及发展趋势，国家统计局湖南调查总队在岳阳、永州、衡南、芷江、石门、赫山、永定区等地随机抽选了210户农村居民进行了专题调查。调查结果表明：湖南农户融资需求旺盛，但融资难问题突出亟待解决。

一、农户的融资困境

（一）六成多农户有融资需求，发达地区比重高于边远地区

湖南是农业大省，农村人口占全省人口的56.8%。调查结果显示，有61.4%的调查户在生产生活及其他活动中有融资需求。其中，交通便利、农村经济较发达的地区，农户的融资需求较高，如赫山、岳阳、石门有融资需求意愿的农户分别为80%、73%和70%；而交通不便的边远地区如永定区、芷江，有融资需求的农户均低于50%。

（二）融资用途主要为生产性投资

农户融资用途中生产性投资占51.6%，修建住宅、教育、医疗和生活消费分别占14.7%、9.5%、6.8%和2.6%，用于其他的有14.7%。农户主要在扩大种养殖规模、购置运输工具及农机方面的资金需求较大。

（三）借款途径主要是民间信贷

调查表明，民间借贷为农户借款的主要方式，占选择借款来源意向的51.9%，其中选择向亲戚朋友借款占借款来源意向的42.2%，占民间借贷的81.3%。

（四）正规融资首选农村信用社

选择向正规金融机构借款的农户中，95.1%的农户选择向农村信用社借款，仅有4.9%的农户选择从其他正规金融机构包括国有商业银行、邮政储蓄银行等获得信贷资金。在正规金融机构中，农村信用社是满足农户贷款需求

的主渠道。

（五）借款周期短且金额小

借款需求周期调查显示，20.2%的农户借款需求期为6个月及6个月以内，35.7%的为1年，44.1%的为1年以上。农户融资需要资金为1~3万元的占50.3%，3~5万元的占30.3%，5万元以上的占19.4%。但目前农户实际获得的贷款主要为农村小额信用贷款，2009年以来，农户从正规金融机构有效贷款47次，金额95.08万元，平均每笔贷款为2.02万元。

（六）理财方式仍以储蓄为主

调查中，当问到如果有结余资金如何处置时，选择储蓄的农户占81.9%，选择购买国库券、债券或存入合作基金会的占1.4%，选择购买股票、集资股的占7.1%，18.1%的农户为了获取较大收益，选择通过民间渠道贷给别人，还有15.2%的农户选择放在家里（部分农户选择多种理财方式）。这说明储蓄仍然是农村居民理财的主要方式，农民投资意识较差，投资渠道狭窄。

二、问题与原因

本次问卷调查显示，2009年以来，只有19.5%农户有正规融资行为，76.2%的农户未申请过贷款，与61.4%的农户有融资意愿形成较大反差。农户融资之所以意愿强而行动少，主要有以下几个方面原因：

（一）信贷资金不足

调查显示，信用社、农业银行等基层金融单位，对农户和农村中小企业的贷款规模小、顾虑多，导致信贷资金不足。而目前国家政策支持力度不够，商业金融机构尚未找到解决风险与成本瓶颈的有效办法。据国家统计局湖南调查总队对全省3700户农户抽样调查显示，2009年末农民人均存款余额2532元，人均银行及信用社贷款余额只有61.95元。

（二）担保抵押缺乏

因为农民的资产价值低、流动性差，不易变现，很难作为贷款的抵押品，特别是其房屋只有地产证而没有房产证，不能申请贷款抵押。2009年以来仅有19.5%的农户向正规金融机构申请贷款，而其中遭到拒绝的农户占申请贷款农户的23.9%，被拒绝的原因，45.4%是无有效担保形式，32%是无有效抵押资产。

97.2%的农户反映本地没有农户融资担保机构。

（三）融资供求背离

据调查，农户贷款期限一般是1年以内，而农作物的生长周期长短不一，林果业长达2~3年，畜禽养殖分为淡旺季，这种贷款期限的短期化加重了农户的还款难度。金融机构开办的最高额度为2万元（个别发达地区为5万元）的农村小额信用贷款显然与农户的期望相距甚远。这种周期短、金额小的借款不利于帮助农户形成长期、较大规模的生产能力，农户无法将获得的资金用于长期的扩大再生产中，只能解决短期的、季节性的和临时性的资金需要，造成了农户融资需求与供给的背离。

（四）办理手续复杂

部分农户反映，在信用社、银行贷款手续繁琐、条款复杂，加上自己本身文化水平低、理解能力差，还要花交通费、请工作人员吃饭等，感觉贷一次款比种一季稻还难。多数被调查农户认为金融机构的相关人员缺少服务意识，工作态度差，不愿到金融机构贷款。

（五）投资环境不优

农户融资的主要用途是生产性投资，其投资意愿、力度和规模取决于投资环境。调查显示，农户对农村的基础设施、政策扶持、政策执行、税收减免、

项目	很满意（%）	较满意（%）	一般满意（%）	不满意（%）	很不满意（%）
基础设施	15.7	34.7	41	8.1	0.5
政策扶持	15.7	31	49.5	3.8	0
税收减免	18.6	25.7	43.3	11.9	0.5
招商引资	8.3	23.4	46.8	20	1.5
贷款担保	4.8	15.7	49.1	25.2	5.2
市场监管与执法	11.4	18.1	49.5	16.7	4.3

招商引资、贷款担保、市场监管与执法等投资环境持一般满意态度（见下表）。

（六）投资项目缺少

调查显示，38.8%的调查农户因为没有找到好的发展项目而没有投资行为。

三、对策建议

如何运用国家政策和金融手段引导庞大的农村居民群体的借贷行为，为新农村建设创造良好的资金融通环境？笔者建议：

（一）加快建立现代农村金融制度

近期，省委、省政府推出十大举措，推动农业现代化建设。其中之一是建立“现代农村金融制度”，将落实县域内银行业金融机构新吸取存款主要用于当地发放贷款的政策，鼓励发放无抵押贷款，推广林权、土地承包经营权、农屋等抵押贷款。建议尽快实施，通过给予一定的政策优惠和财政补贴，提高涉农金融机构贷款的积极性，缓解农户融资难状况。

（二）拓宽农户融资渠道与方式

针对农户融资需求量增大、需求周期变长的特点，构建多层次的农村融资体系，拓宽农村融资渠道，提高农户融资的可获得性。我省是农业大省，对服务“三农”的金融机构应实行金融政策倾斜，引导农村金融机构拓展农村金融业务，改善农村金融服务。把支持农业和粮食生产作为信贷工作重点，积极调整信贷规划，提高农业信贷比重，确保对“三农”的资金投入。逐步降低贷款门槛，扩大贷款对象，优先投入新农村建设中风险和交易成本相对较高、商业性金融不愿介入但新农村建设必需的项目。同时，借鉴国外合作金融的模式，鼓励成立农户间的互助金融组织机构，在完善有关立法的基础上，引导民间借贷健康发展，使之成为正规金融活动的有益补充。

（三）加大金融知识宣传力度

应加大金融知识宣传力度，提升相关政策的知晓度，主动创造条件满足借贷需求。采取各种形式进村入户，为农户介绍更多的金融知识和扶持政策，介绍各种金融产品的使用方法，让农户认识、掌握和运用各种金融产品进行融资。

（四）提高农村金融机构服务质量

农村金融机构应牢固树立以客户为中心的经营理念，科学制订贷款操作流程，改进、完善和简化贷款手续，在风险和便捷之间寻找一个平衡点。

（五）引导农民开展有效投资

农民投资用于再生产方面的资金有限，缺乏持续发展能力。各级政府应当根据当地实际多出优惠政策，多出点子，引进优良项目，支持和鼓励农民加大再生产投资力度，正确安排生产与生活投资比例，使农户投资朝着更加合理的方向发展。

（六）加强基础设施与投资环境建设

湖南应立足实际，把握国家加强基础设施投资、扩大内需的重大机遇，利用湖南作为农业大省的资源优势、区位优势，进一步加大国家财政对农村基础设施建设的投入，强化政府在农村投资中的主导地位，科学制定建设规划，建立起适应现代化农业生产和农村社会发展所需的发达的基础设施体系，特别是积极推进县到乡镇公路和农村通畅、通达工程建设，实现城乡协调发展。通过改善农村投资环境，激发农户投资意愿，力促农户融资良性发展。

（作者单位：国家统计局湖南调查总队）

德国农村合作金融对我国的启示

■ 姜常青

一、德国农村合作金融体系

德国的农村合作银行体系经过上百年的漫长发展历程，才达到现在这种完善的水平。德国合作金融组织是欧洲最大的合作金融系统。其农村合作银行体系在农村市场中占有举足轻重的地位，是一个典型的金字塔结构，主要由三个层次的银行机构组成，即中央合作银行、地区性合作银行和地方性合作银行。处于金字塔底层的是地方性合作银行，是由德国农民按照自愿的原则自发组织起来的，可以直接为社员提供金融服务，为农业的发展提供资金融通。处于中间位置的是地区性的合作银行。它是由地方性的合作银行入股而形成的，所以地方性合作银行既是它的股东，又是它的服务客户，其主要职能是对下一级的银行和客户提供金融服务，并且为地方性合作银行保存存款准备金和提供闲置资金融通，充当了中央合作银行和地方性合作银行之间的中介。金字塔的最顶一层就是德国中央合作银行。中央合作银行只是全国合作银行的一个指导性机构，对下级银行并不具有行业管理职能。其职责主要是为地区和地方银行提供银行产品，进行资金融通调剂，还提供资金的结算和支付服务、保险、证券、租赁和国际业务等金融服务。

二、德国农村合作金融的发展经验

1. 始终坚持合作制的基本原则

从德国农村合作金融的发展历程可以看出，不论是在哪一个阶段，合作金融组织都没有偏离合作制的基本原则。合作银行是一种互助性的金融集体组织，为农户提供资金融通和其他金融服务。正是由于坚持合作制的本质，德国的农村合作金融机构在激烈的金融市场竞争中才会越来越显现出其强大的生命力。

2. 自下而上的入股和自上而下的服务模式

德国是实行自下而上入股、自上而下服务的合作银行体系。地方的合作银行入股地区性的合作银行，而中央银行则由地方的和地区性的共同入股拥有。而且各级都是平等的独立法人，是自主经营、自负盈亏的经济实体，三级之间没有隶属和管理关系。这样的产权和组织模式既可以激发个体的积极性，又可以保证整体优势的充分发挥。

3. 先进的管理体制和管理方式

德国农村合作金融组织在坚持合作制的基础上，也按照市场发展的要求不断地改进自己的管理和经营方式。德国的合作金融体系在管理上已经形成了一套体系。在法律上，德国对合作金融的各方面都有详细规定。德国合作银行有着明确的合作服务理念和管理文化，能够真正为农业提供金融支持。同时十分重视民主管理方式，由股东大会、监事和理事会组成了完整的管理机制，既有独立又有联合的优势，利用现代管理方式，监管职责清晰，配套服务及自我监督体系很健全，为社员获得经济利益提供了很好保障。

4. 完备的监管体制

完善的配套体制也是德国合作银行体系发达的重要特征。其监管体制十分具有特色，由现场监管和非现场监管共同构成，非现场监管的机构是联邦金融监察局，它隶属于联邦德国财政部，这一层次的监管主要是通过法律的形式进行约束。而联邦中央银行及其分行和合作社审计联合会主要是对合作银行进行现场流动性的监管。前者通过对合作银行给予资金的流动性支持进行监管；后者的强有力监控作用是德国合作金融监管的一个重要特征。

5. 强有力的行业自律体系

行业协会是德国合作银行走向规范发展的重要保证和标志。行业协会在立法中具有平衡器的作用，同时又可以通过自律行为减轻行政当局的负担。德国的行业自律体系很发达，著名的BVR德国全国信用合作联盟就是这样的行业自律组织，各级合作银行机构和其他专业合作机构、金融机构都必须是其会员，会员要按照规定交纳会费，联盟则对外保护会员的利益，协调沟通与政府各部门的关系，并且为会员做好宣传工作和处理好公共关系；对内则为会员提供信息和培训等优质服务。

6. 完善的风险防范机制

德国的合作银行在风险防范方面有自己的特点。首先在合作银行中建立了存款保险系统，这样就有效防范了合作银行的支付风险，使银行体系安全有效。其次是健全的资金融通和资金清算系统。合作银行有着自给完善全国银行结算清算网络，合作银行都要加入到这个网络中，跨系统的结算业务则要通过联邦中央银行的支付系统进行清算，这样就保证了资金的流动性和效益性。

三、对我国的启示

我国的农村金融体系要继续深化改革就要从合作金融发达的国家借鉴丰富的经验，同时也要注意我国的实际情况，结合我们独有的国情进行改革。从德国合作金融体制中，我们可以得到很多启示：

1. 要认识到我国农村金融体系改革是一项系统工程，应该分区域、有步骤、分阶段地建立合作体系

目前，我国农村已经形成了一个庞大的金融体系，要改革不是一朝一夕的事，而且我国的地区差异十分明显，这就要求我们要制定出符合地区性的改革方案，不能在全国推行单一的农村金融模式，要考虑到地区优势和特点，倡导建成多样性的地区模式，这样才能发挥合作金融对农村经济增长的促进作用。同时也不能急于求成，要在条件成熟时，把信用合作社自下而上地改组成合作银行，一级一级进行改革，最后建成完整的合作银行体制。

2. 坚持农村金融的服务宗旨，建设真正的互助性的农村合作

金融组织始终以为“三农”服务为原则。从德国的合作银行的发展来看，合作银行是一种互助性的金融集体组织，始终坚持合作自愿的原则。在我国，由于历史和体制的原因，目前许多信用社的商业色彩很浓，合作性质逐渐丧失。但是农村信用社作为农村金融服务的主力军应继续坚持合作性质，在改革中致力于为参与者提供资金融通，而非成为单纯的股份制商业银行，不能只追求利润。

3. 建立现代产权制度，实行自下而上的入股控股方式

目前我国国内对于农村金融组织的产权模式是合作制还是股份制有许多争

议，借鉴德国的经验，基层合作银行既是地区性合作银行的股东也是其客户，同时二者又都是中央合作银行的客户和股东，我们也可以实行这种资产联合的股份合作制，从下一级向上一级控股，构建一个与经济发展水平相适应的多元金融体制，在合作金融组织中建立现代产权制度，同时实行多级法人制度，每一级合作金融机构都是独立的法人实体，自负盈亏，自我平衡。

4. 进一步完善法人治理结构，利用现代的管理方式实现经营

我国的农村金融应该在完善法人治理结构方面加大改革力度，形成具有自己特色的一套管理体制。我国现行的法人治理结构仅仅停留在表面形式上，并没有真正发挥各自责任方的作用。因此农村金融一定要按照现代金融业制度的要求，实行民主管理、权责统一和有效制衡的运行机制，上级部门也应该调整自身定位，让法人治理结构真正完善运行。同时我国还处在粗放式经营管理阶段，因此我们一定要转变经营理念，完善相应的内控管理制度，建立科学的管理和评估体系，丰富经营的服务产品种类，扩大经营范围，实现全面化、民主化和科学化的管理。

5. 加强金融监管力度，继续健全农村合作金融各方面的法律，完善风险防范机制

德国建立了信贷风险基金制度，有助于帮助出现危机的合作银行弥补损失。在我国也应尽快完善风险防范机制、守信激励机制和失信惩戒机制等，同时鼓励建立具有互助救援性质的农村信用社存款保险基金或公司，增强农村金融防范风险的能力。

6. 积极筹建相关的协会组织，充分发挥行业自律体系的积极作用

我国在行业协会的发展方面与德国还有很大差距，德国的经验很值得我们借鉴，我国行业协会的发展很需要政府政策和相关的法律支持，使其行业协会成为一个相对独立、垂直的提供服务的组织，并且纳入到规范化和法制化管理中，充分发挥其应有的协调作用。

（作者系集美大学财经学院08级国民经济学研究生）

印度农村教育的新经验

■ 茅于轼

9月初去印度，参加东亚及南亚教育体制改革的国际会议。参加的国家除印度之外有巴基斯坦、菲律宾、泰国、印度尼西亚和中国。过去我们都认为印度的初级教育比较落后，没有什么值得我们学习的。其实不然。各国都有自己的好经验，都在努力探索怎样把有限的钱发挥出最高的效益，也都有值得我们学习的地方。

这些国家都有长短不同的义务教育年限，都是政府拿钱办义务教育。但是也都有共同的问题。主要是官办学校的校长缺乏自主性。人员委派、经费审计、教材购买、基建计划等，大一点的事都要由上面的管理机构来决定，因而效率低下，浪费巨大。有的地方还有贪污腐化。比如政府请的老师自己不教课，花一半的工资另外请一名不合格的人滥竽充数，自己落下一半的工资，再分一部分给政府的教育督办，帮助他掩盖这种不法行为。这样的事在中国也很普遍。因此政府钱没少花，但村民们享受的教育质量很差。如何改善这种状况就是当前的大事情。

印度有一个非政府组织，叫做“公民社会中心”（Centre for Civil Society），想出了一个改革方案。该方案的巧妙之处是把政府对教育的拨款印制成“教育券”，直接发给学生。学生可以挑选自己认可的学校上学，并把教育券当作学费交给校方。学校以收取的教育券到政府的财政部门兑现。学生可以上公立学校，也可以上私立学校。教育券可以在公立学校里用，也可以在私立学校里用。公立私立一视同仁。学校之间有了竞争，教育质量就得到改善，一定量的钱发挥出最大的效用。

印度的这项改革还没有完全付诸实行，但正在声势浩大地宣传推广。“公民社会中心”已经通过社会募捐筹集到一笔资金，印制成了教育券，发给贫困家庭的学生。申请教育券的人有12万人，但是由公民社会中心分发的教育券只有四百多张，杯水车薪，不能完全解决问题。但这么多的人申请，说明这件事

非常受大家欢迎，这是对政府的一种压力，要求改变现在的拨款方式。如果政府接受这样的观念，把教育经费用教育券的形式发放给全体学生，经费的使用效率可以成倍地提高，教育事业将完全改观。

但是这样做并不容易，还需要一系列的配套改革。首先是放松对民办学校的管制，方便他们注册开业。在菲律宾，办学校不需要政府批准，在印度还不行。还要允许以营利为目的的学校的成立（印度不允许以教育谋利）。在这方面中国比印度走得更快一些。2002年我国民办教育促进法实施，已经允许民办学校赚钱。近年来我国农村的民办学校欣欣向荣，发展十分兴旺。过去大家以为只有城市的高收入家庭才会有对民办学校的需求，农村收入低，不会有民办学校出现。其实不然，现在甚至在比较贫困的地区也有了民办学校，城市里为打工子女办的民办学校更是需求旺盛。

如果通过教育券使公办民办公平竞争，肯定会有一批公办学校被民办学校取代，造成公办学校的关闭，教师会失业。因为就学儿童的总数是不变的。多一所民办学校，就会少一所公办学校。从宏观着眼，应该让民办学校通过竞争吸收高质量的各行业人才，包括公办学校里的老师，进入民办学校。公办学校办不好往往不是老师不行，而是校长缺乏自主权，或管理混乱，人不能尽其才。

在印度，有关部门曾经研究和比较了公办学校和民办学校的教育质量。结果明显地说明在同样办学条件下民办学校的优越性。但是按照目前的资金条件而言，民办学校竞争不过公办学校，因为他们没有政府拨款的支持。如果教育券的方案能够通过，两种学校都能够从竞争中得益。而最后真正得到好处的是学校的学生（可能也包括老师，他们的工资能够有所增加）。印度公民社会中心的负责人告诉我们，这个方案得到了印度国家计划部门的赞成，但是教育部门明显反对。因为如果发放了教育券，教育主管把拨款的权力交给了学生，决定学校命运的变成了学生，而不是政府的教育部门，教育当局的权力大大地缩小了。教育改革的阻力往往来自主管教育的政府部门。这在任何国家都一样。

世界银行约请Newcastle大学的James Tooley教授专门研究为穷人服务的民办学校的运作问题。他来过中国，做了中国中西部贫困地区服务于穷人的民办学校的调研，也到过尼日利亚、肯尼亚、印度，得出十分肯定的结论。2005年他出了一本书《穷人的民办学校》（Private Schools for the Poor），支持民办学校的发展。现在的问题是如何使这些学校得到财政支持。方法之一就是教育券。我国浙江省也试办了政府拨款的教育券，成绩良好。现在印度的改革更为我们试办教育券增加了信心。

农民为何“种房”不休

闻新国

农民首创精神源源不断。在田地里不种粮而“种房”，是当代中国农民的又一首创。边建边拆、边拆边建，如同作物一茬又一茬地边种边割、收后再种一样，“种房”的含义和目的精确而又形象地与种粮类同在了一起。

一、农民“种房”弊大于利

农民“种房”抢建，歪打正着的好处是，一方面增加了一部分农民的收入，同时直接拉升了建筑行业农民工的工资水平，另外在拉动内需的当头，正迎合了凯恩斯式的“挖沟填沟”趋动经济增长的理论思维。但是不能老用这一招，因为以极度浪费为代价的增长，财富的积累效率高不起来，重复计算的GDP在一个“拆”字下会消于零。到头来，人们只是辛辛苦苦地做了很多无用功。

还有一种弊端是不公平。农民“种房”在农村也并非普天同庆的事，农民“种房”并非是家家户户遍地开花，种房的一般是经济条件较好的农民，也不乏老籍是农村的城镇人回乡参与“种房”，农民中的弱势者往往挨不上“种房”的边。这样最后按拆迁房屋补偿时，势必造成新的不平等。

更甚的是，让不合理的私欲膨胀，助长了急功近利、投机取巧的不正当竞争行为，房子“种”得摇摇欲坠，还要加码抢建，农民理性疯狂时，房子就比稻子还快地日夜疯长。

还有，政府职能转变受到影响，使得政府职能陷入从征税到征地的怪圈中难以自拔。拆屋征地比征税更容易激化矛盾，同时也影响城市化进程中的正常拆迁。

二、游戏规则决定农民行为

其实对农民来说，“种房”是一种无奈的选择。如果征地补偿到位，每家不必动脑筋建房就能分到比“种房”还多的净补偿额，农民干嘛还劳民伤财去

"种房"呢？恰恰相反的是，现行政策偏偏是房屋拆迁的补偿对农民来说相对有利，农业用地的补偿又极不合理。在这种情况下农民自然会想方设法"种房"。

开发或公益的目的是征用土地，而不是征用房屋。按理政府在征地时也不希望一时间出现那么多房屋需要拆迁，拆迁时讨价还价也会增加工作开展的交易成本，更严重的是出现冲突行为。那么，地方为什么要无动于衷继续执行这种看来很蠢的政策呢？为什么不将建房补偿标准压低到成本价，而在占压村庄的总额不变的前提下相应提高农业用地的补偿标准呢？这其中有几个方面的原因。

一是从大的政策来说，现行农业用地的补偿标准本身就低，地方宁愿就低而不就高执行。特别是开发商从一亩几十万到上百上千万拿土地，地方政府通过较低土地补偿可积聚更多的所谓土地财政资金，维持现状又得好处，何乐而不为？

二是一旦提高农业土地的补偿标准，政府仍然担心农民"种房"，因此政府宁愿相对多补房而少补地，另外这种补偿方法总体上算起来对政府仍然划算，政府规则的博弈决策过程就是如此，因为规则制定权和执行权掌握在政府手中。

三是在房屋拆迁补偿中也存在很多猫腻，房屋补偿工作难度越大，其中的产权界定就越难，按现代产权经济学分析，流失到公共领域中便于人们攫取的财富就越多，拆房是一大权力，拆不拆背后的钱权交易不可小视，很多农民在"种房"的过程中就源源不断奉上贿赂，以便能将房子顺利"种"好。房屋补偿时，补偿金额不公开，农民为了多得补偿款争相行贿。所以在拆迁激化矛盾，甚至出人命之前，地方当权者却在幕后偷着乐，一路大兵小将，也趁机浑水摸鱼，乐此不疲。这就是为什么现存补偿方法难以改变的重要原因之一，这与当年农业税在极度敌对艰难征收的过程中，一些地方却首当其冲反对取消农业税的情形如出一辙。

三、政策不改农民"种房"难休

农民"种房"最大的原因还是出在土地制度上，农村大面积占压的耕地补偿不了多少钱，农民就只能通过房屋占压得到一点弥补。

另外由于城市化中商品房的价位一直攀高，农民房屋的补偿也不可能压低，城中村抢建房屋的原因也在于此，而商品房价格奇高的一个重要原因又是因为农村土地的政府垄断入市导致的，结果由于土地制度的根本性问题，形成一个连锁反应的圈，导致了分配不公和恶性循环。土地低价补偿和农民“种房”均是利益各方相互应对瓜分财富的一种异类方式。

因此，不从土地制度的根本问题着手，不还地权于民，同地同价、同房同价就难以实现，“种房”的价差圈套就总会存在，农民的理性潮涌现象向感性趋近时，农民就会出于眼前利益争先恐后穿上这个套子，寻租者更会利用这个套子从中渔利。想要杜绝“种房”就很难，“种房”激化的矛盾也可能会升级，最后反过来推动土地制度的变革。现在翘首制度供给的时候，需要顶层设计的智慧和定夺决心。

（作者单位：中共鄂州市委党校）

农田水利建设是否需要市场化

■ 王 祯

农田水利基础设施是农民赖以生存、农业生产发展的基础性条件，其发展提供的农产品，不但是农村生活的前提，也是农业经济正常运行的基础。所以说，重视农田水利基础设施建设，对国家发展具有重要意义。

纵观中国农村经济体制改革进程，农田水利基础设施的管理问题为贯穿始终的核心问题。互助组时期，由于实行每家每户生产并互相帮助，农田水利基础设施基本采取市场化管理措施，由所有村民共同使用。而在合作社和人民公社时期的生产资料公有制和现在家庭联产承包制时期的统分结合原则下，国家采取了集体管理措施，农田水利基础设施归国家所有。

集体管理农田水利基础设施自有一定的优点，不仅防止缺水地区文化水平不高的农民取不到水源不及时灌溉使农田干涸，而且防止农民投入这种高风险低回报的资金而减少收入。由于农民普遍文化水平不高，要求他们科学管理土地短期内基本不可能实现，所以只有集体管理农田水利基础设施才能更好地促进粮食产量的提高。农田水利基础设施建设是种高投入高风险低回报的项目，灌溉科学合理才有可能促进粮食增产，而且由于投入资金过多增加产量也不一定增加收入。所以说，农田水利基础设施的建设较少能给国家带来经济效益，却又是不得不加强建设来促进粮食增加产量的项目。

市场化管理农田水利基础设施即农民自愿互利合作出资建设农田水利基础设施，不再需要国家集体管理。这种管理方式显然带有资本主义色彩，显示出了市场化机制的优胜劣汰特征，使村庄分散的农民无法团结起来自主合作建设农田水利基础设施，但确实能调动聚集居住农民的积极性，使农田水利基础设施这种资源的使用趋于合理化，效率最大化。如喷灌技术在责任田里科学有序排布，既使水道管路长度最短节省钢材，又使浇灌的责任田的面积最大。由于充分调动了农民的积极性，可以使各项水利基础设施又快又好地落实到实处，让农民最快地获得水资源的使用权。

农田水利基础设施建设是否需要市场化，是近几年我国发展主要关注的事情。为了增加国家财政收入，减少不必要的开支，政府决定甩掉农田水利基础设施建设这个高投入低回报的包袱，由提高农民自主性来建设农田水利基础设施，但结果却使农田水利建设管理日趋涣散。究其原因，不仅仅是因为农田水利基础设施建设是个高投入高风险低回报的项目，市场化后会给农民带来更多负担，让农民减少收入，而且因为农民普遍文化水平不高，调动不起他们依靠自主性增加产量的积极性。农田水利建设市场化有一定的优点，但它是建立在农村教育高度发展的基础上的。只有切实加强发展农村义务教育、成人教育等多种教育形式，才能为农村经济发展培养出大量合格人才。因此，在短期内，我国实行农田水利基础设施建设市场化并不符合现实情况。

只有采取国家集体管理与市场化相结合的措施，才能从根本上解决农田水利建设的管理问题。对于农户分散无法市场化的农村，可以让国家承担投入量大的这部分资金，让农民享受优惠得到利益。这也体现了中国共产党执政为民的精神，牺牲掉自己的一部分利益，让农民过上幸福的生活。从某种意义上说，国家承担这部分资金，就是帮助农民增加收入的一种方式。只有国家把没有经济效益的项目承担下来，农民才能真正富裕起来，不把钱财浪费在没有经济回报的项目上。另外，这样做对缓解我国收入差距过大的矛盾也有一定好处。

现阶段，对于农户聚集可以市场化的农村，我国农田水利建设的市场化主要依靠提高农民的素质来实现，农民获得好的义务教育、成人教育后才有能力

自主合作共同建设农田水利基础设施。我国的家庭联产承包责任制实行分田到户，这对实行农田水利建设的自主合作也是有重重阻碍的，所以需要国家给予指导和帮助。但农田水利基础设施市场化建设的管理仅仅依靠国家支持是远远不够的，还需要农民的积极配合与参与。这样，才能改进技术提高灌溉效果，才能选择需水量更少的农作物进行播种，才能实现农田水利建设的效果最大化。农田水利基础设施的市场化建设并不是一帆风顺的，它要求聚集居住的农民优化配置各种资源，提高资源配置效率，节省使用国家投入的资金，也只有这样做才能增加农民的收入。

在我国，现在农田水利建设采用国家集体管理与市场化相结合的方式。考虑各地农村的自身特点，对于自主合作传统良好的农村社区，可以直接引入农业协会等各种合作模式，由政府投入资金加以补贴，帮助其市场化发展；而对于分散严重、基本无法实现自主合作的村庄，则应该详细考虑其分散状况，对症下药，由国家帮助其解决村庄组织问题。

大自然是残酷的，只有积极加强水利基础设施建设，才能减少中国当前“少雨就旱，多雨就涝”的恶性局面。目前，我国农田水利基础设施的建设严重不足，平均每年农田受旱面积达3亿亩以上，中等干旱年份灌区缺水300亿立方米，每年因旱减产粮食数百亿公斤。那么如何将我国水利基础设施建设做到最好呢？主要是要将国家集体管理与市场化结合起来，由国家投入资金补贴农民，再发挥农民的主观积极性。只有在管理过程中不断深化民主制，政府不断妥协把利益让给农民，农民努力提高自己的文化素质水平，才是解决我国农田水利基础设施建设问题的根本方法。

基层推进节能减排应如何下手？

祁国厅

当前，节能减排工作已成为困扰基层环保工作的一大难题，怎样才能有效推进基层节能减排工作呢？笔者认为，须抓住以下关键环节和着力点。

一是以治污减排管理为重点，加大管理减排的力度 对高耗能、高污染企业动态监测和管理。坚决遏制“两高一资”行业盲目扩张，实行更加严格的市场准入标准，继续清理和纠正一些地方对“两高一资”行业的优惠政策，严肃查处违法违规在建项目。加大现场监察频次，加大足额征收排污费以及实行差别电价等政策的力度，制定落后产能退出机制的配套政策，加快淘汰落后生产能力。

二是以污染控制为切入，加快工程减排进度 以环境治理为重点，实施大气污染整治工作，推进集中供热工程建设、淘汰供热管网覆盖区的燃煤锅炉等节能重点工程，减少二氧化硫的产生量与排放量；督促重点涉水企业采用生化处理工艺提高污水回用率，减少污水排放量和污染物排放总量；加快城区污水处理设施建设，削减生活污染源的化学需氧量排放量。

三是加快结构调整，优化产业结构，促进结构减排 突出抓好重点领域特别是工业企业的节能减排工作。首先，严把市场准入门槛，坚决遏制高耗能、高排放行业过快增长，对新扩改建项目均要编制节能分析评估报告，单位产品能耗和主要耗能设备的能源利用效率必须达到国内先进水平；其次，以工业园区和产业带为平台，推动产业链条的延伸和综合配套，促进产业集中布局、土地集约利用、资源节约使用、污染集中处理；再次，抓好农业节能减排，以节肥、节药、节水、节地、节能技术推广为重点，积极开发生物质能、太阳能等可再生能源。另外，积极争取国家、省级财政扶持，争取节能减排专项资金，支持县内节能减排重点工程、高效节能产品和节能新技术推广以及减排管理能力建设。

四是以循环经济为抓手，切实提高资源利用率 认真抓好循环经济发展规划，合理布局循环经济项目，推行清洁生产审核，推动“三废”综合利用和循环经济发展。围绕“农字号”产品优势产业，开发后续产品，拉长产业链条，降低企业节能减排成本。坚持资源化、无害化并重的治理思路，改变单一为治污而治污的局限，探索跨行业、区域性的循环经济发展模式。建立循环经济重点企业、项目库，促进关联企业、项目适度向专业园区集中，实现集群发展，使节能减排的产业链条环环相扣、首尾相连、良性循环，并使企业开展项目合作的成本尽量降低。加快有色、建材、冶金等高耗能企业的技术改造，重点要在化工、电力、啤酒、酿造、家电、畜禽养殖等行业，推进企业之间消化工业废物的“循环链”，通过行业之间副产品和废物的交换，提高废旧资源再利用的产业化规模和技术水平，达到工业废物全面得到循环利用的目的。

五是基层节能减排必须在“关小”的同时全力“抓大”　在西部欠发达县区，相对而言，一些大企业往往是一个地区的经济支柱和主要财税来源，对这样的企业采取措施，一些地方政府难免会心存顾忌。这正是阻碍节能减排深入推进的重要原因。然而实践证明，只有抓住这些大的行业和企业的产业升级、技术改造和污染治理，才能促进一个地区污染物排放量更明显地下降，更有效地推进节能减排。

六是推进基层节能减排应将重心下移　近年来，由于国家对环境保护的重视程度逐年加大，各级环保部门对当地为数不多的一些工业企业的污染治理已基本完成，就这些企业而言，再减排已无任何意义。笔者认为，当前，基层节能减排的潜力还在农村。一是以村民小组或养殖合作社、养殖小区为单位，建造相对集中的大型沼气池。这既可以将沼气输送到每家每户作为燃料使用，沼渣、沼液还可还田，作为农作物的优质有机肥。二是进一步加大乡村的节能减排宣传力度。三是在推进新农村建设过程中，要做到从环保的角度考虑，统一长远规划，达到节能减排的目的。

（作者单位：甘肃省临泽县环境保护局）

当前农村的“多”和“少”

唐湘鹏

2011年以来，我走访了8个乡镇和250个村子，所见所闻所感，可以归纳为以下几多几少。

1. 老弱病残、妇女儿童多，青壮年少 所到之处没有青年，只有996138部队。每个村庄异常寂静，难闻欢声笑语。挨家逐户去寻访，才偶尔看到几个老人和小孩。有的养狗成群，牛羊却很少。

2. 老屋旧房多，新洋楼不少，有规划建设的村庄极少 所见村庄里，古屋破烂不堪，旧屋闲置很多，大都是七八十年代修的。有的新修了小洋楼，老屋抛荒空闲，有的在外打工，长期铁将军把门。有的房子刚竣工或即将竣工就停建不管了，造成不少基地浪费。而新的小洋楼拔地而起，掺杂在各个角落。强烈反差，很不协调，极不和谐，生活也不方便！农民无奈地说，政府为何不来操心，帮我们规划一下呀?!

3. 公房闲置多，利用起来的少 农村老祠堂、老学校、老会场、老厂房、老公社不是任其雨雪侵蚀、自行倒塌，就是利用不当、浪费资源。如祠堂和厂房、老公社被列入国有资产，但没人管。有的完小房屋设施齐全，却因不当并迁后，校舍被闲置和出租改造成养猪场，而小学生无法就近上学，令人嗟叹不已！

4. 孤独老人多，伺候父母的少 每个村庄都有好几个古稀之年以上的老人带病守家，孤身一人守着偌大的房子，自我照顾，生病无人管。七里山农场一位88岁的老人，因尿道膀胱问题，一直靠导管排尿，生活全靠自己。没有自来水，自己用陶罐到百米远的水井取水，感冒不能动，就只有挨饿。儿孙在广州一去十多年，每年给老人一千多块钱生活费。平时靠一部电话问候，一年难回家一次。三个女儿都在农村，外孙和外孙女都在上学，负担重，农活忙，一个月最多来看一两次。其余时间，老人就守着两座屋，面壁叹息。他对笔者无奈地说，要是大病一来，死在家里也没人知道。

5. 荒芜土地多，综合利用少　一些农民进城定居或外出打工，家里的责任田就荒芜不管了，有时让给别人种也没人种。不少良田中野草比人还高，有的成片抛荒了，实在可惜。农民急功近利，只愿挣现钱，对种粮不发财没劲头，种几亩田打几担谷子，够自己吃就满足了。一些土地山塘可以种养业综合利用，但是很少有人去开发。

6. 垃圾污染多，环境卫生好的少　几乎每个村的空坪隙地都是杂草丛生，垃圾随处可见，有的病死猪和家禽不深埋，而是往塘库、溪流或河里抛，严重污染水源。有的水井处在低洼地，垃圾污水就浸流到井中，直接威胁村民身体健康。有的集镇垃圾也往村边倾倒，有些废品如玻璃瓶没人收，那些医院药瓶针剂、酒瓶到处乱扔。而重视环境卫生的农民很少，影响农村文明建设。

7. 违法犯罪活动多，能够破案打击的少　一些犯罪分子利用农村老人妇女没见识的弱点，不择手段诈骗钱财，盗牛偷狗。一些失学青少年三五成群，在村庄周围游荡，撬门开窗偷窃钱物。一些赌博团伙开车到较偏僻的院子日夜狂赌，乌烟瘴气。有的青壮年无心务农，整天打麻将赌博，买六合彩，只想一夜暴富，输了就四处偷盗。这些违法犯罪活动严重破坏治安秩序，导致农民极为不满。公安部门打击不力，能够破案退赃的少，农民有意见。

8. 迷信活动多，文化活动少　现在农民募捐集资修建祠庙积极高，有的一个集镇甚至一个村就建有两座庙宇，烧香拜佛络绎不绝。而看书看报，拉琴吹笛子的寥若晨星。政府很少组织文体活动，农民文化生活单调，政策法规宣传不到位，使农民处于盲目自流状态。

9. 红白喜事讲排场的多，移风易俗讲节俭的少　现在少数农民富起来了，红白喜事大操大办，摆阔气讲排场，铺张浪费严重。没有富的农民有压力，有的怕没面子，硬着头皮负债攀比。而移风易俗没人带头，政府的工、青、妇、宣传、文化组织也不去引导。

10. 有些村委会办事不公，农民非常气愤　一些村干部以权谋私，欺上瞒下，中饱私囊。评低保指标时，只顾亲友。有钱的项目自己承包，上面拨款不公开，不明不白进腰包。群众有气无处出，只有骂娘发牢骚，对干部持不友好态度，不愿配合其工作。

11. 扩建坟墓的多，火化不占地的少　在乡村看到，不少山坡上祖墓构筑豪华，扩建占地宽阔，最多的耗资数万，面积达一百多平方米。而且攀比之风日益上升，有的干部和暴发户不惜百里运灵柩回乡土葬，驱车近百辆，助长了奢侈之风。而响应政府号召实行火葬的少。

12. 狂放烟花爆竹的多，文明节约办喜事的少 城乡红白喜事燃放烟花爆竹成风，而且愈演愈烈，严重污染空气和环境，扰得周围居民日夜不得安宁。互相攀比，铺张浪费，文明节俭办红白喜事的人少。影响脱贫致富的步伐，不利于农村文明建设。

要解决这些问题，必须靠党委和政府加强领导，宣传、工会、共青团、妇联、团委、科委、文化、体育、卫生等部门要各尽职责，通力合作，真抓实干，长期坚持为农民着想，多宣传，办实事，加强法制教育，依法打击违法犯罪分子，使农民多点安全感。基层干部要加强廉政教育和制度建设，切实认真推行政务公开，做到权为民所用，利为民所谋，心为民所系，施惠于民，取信于民，这样才能赢得广大群众的拥护和支持，才能落实科学发展观，共建文明和谐富庶的新农村。

（作者单位：邵阳县文化局）

农民自建房质量安全问题应引起关注

■ 李积国

近几年，随着农民收入的大幅度提高，村民们纷纷自建房屋，虽然工程建设质量安全总体水平不断提高，但由于房屋选址不科学、设计不合理，施工不规范、建材不合格、管理不到位等问题，农民自建房屋质量安全存在较大隐患，应引起有关部门重视，有针对性地改善农民自建房屋质量安全管理。

一、农民自建房存在的主要问题

1. 没有按规定办理建房手续 笔者调查的300余户农民自建房屋中，只有少数农民办理了规划许可证，其他均未办理规划许可证、质量安全监督手续和施工许可证。

2. 施工图纸不规范 绝大多数在建私房施工图纸均为个人设计的草图，有的甚至连草图也没有，不仅严重违反国家工程建设强制性设计和有关设计规范，也留下许多结构隐患。

3. 施工质量普遍较差 所调查的在建房屋中施工标准普遍偏低，钢筋大多使用改制钢材，钢筋强度及延伸率指标严重不合格，施工人员未经任何培训。

4. 施工保证检验不完善 普遍存在对水泥、钢筋不进行材料检测就直接使用的现象，没有混凝土和砂浆试块等检验资料，致使工程质量、

安全得不到保障。

5. 施工现场安全隐患较多 (1) 施工现场基本没有安全条件和设施防护，施工人员未经过专业培训；(2) 绝大多数在建私房违反建筑工程施工安全规程，未搭设外用脚手架，有的仍在使用国家明令禁止的竹脚手架等；(3) 施工用电不规范，未达到三箱五线制、三级配电两级保护、一机一闸一漏一箱的要求。

6. 监管力量薄弱 村庄建设量大面广，建设项目分散，监管任务较重。一直以来，由于受行政编制和经费的限制，村庄建设监管机构不健全、人员不到位、经费无保障，制约了对村庄建设的有效管理，“市（县）里无人管，镇里无力管，村里无法管”。

二、保障农村房屋质量安全的对策与建议

1. 进一步加强私房的规划许可，质量安全、市场行为管理，消除建设工程质量安全隐患。

2. 对必须到建设行政主管部门办理相关手续而没有办理的违法违规行为应加大查处力度。

3. 建委、规划、房管等部门应相互配合、切实履行管理职责。对没有办理《规划许可证》的不得办理《施工许可证》，对应按要求申领《施工许可证》而未领取的，不得办理房产权证等。

4. 强化技术指导。应加强宣传教育，提高农民建房的质量意识，引导他们学会保护自己的生命财产安全。要组织规划、国土、建筑工程技术人员，大力开展“技术、标准、图纸、服务”四下乡活动，通过发放农村住宅图集、农房施工指南、基本知识读本等方式宣传推广识图、施工管理方法等常识，在农房建设开挖地基、砌筑墙体、安装预制楼板、拌制混凝土、防水层施工、安装拆卸模板、搭拆脚手架等重要工序上进行必要的技术指导。要组织编制农房建设抗震、抗风等设防标准和标准图集，提出农房建设中加强抗震、抗风管理的指导意见。

（作者单位：山东省费县人民检察院）

国家级贫困县何以实现“全程免费医疗”

■ 陈英凤

交150元，参合农民就可实现乡镇卫生院住院全报销。2011年8月，这个天大的利好消息，在国家级贫困县桑植成为了现实。该县34.2万农民在全县46个乡镇卫生院住院都能享受全报销政策。（《三湘都市报》）

桑植县地处湖南西北部，全县总面积3474平方公里，辖39个乡镇（场），总人口47万多人。自1986年起，桑植县就被列入国家重点扶持贫困县之一，2009年该县农民人均收入仅2314元，而同期全国农民人均收入突破了5000元大关。2009年，桑植县财政收入仅有1.6亿元。然而，就是在这样一个国家级贫困县，却实现了农民“全程免费医疗”的梦想，在我看来，关键在以下三点：

首先，确保乡镇医疗机构的公益性。据悉，桑植县斥资887万元，将“全报销”的医疗定点机构医务人员纳入全额财政拨款事业编制，同时采取绩效考核机制，绩效工资比照公务员津补贴标准执行，确保医务人员的积极性。同时，桑植县成立了专门的乡镇卫生院财务核算中心，将“全报销”所涉医疗机构采取收支两条线制度，固定两个账号，所有收入须进入卫生局指定账号，而支出必须经卫生局审核。“这就意味着，医院即使要多赚病人的钱，也变得毫无意义，因为尽管收入的所有权还是归医院，但不合理的费用支出我们是绝不会审批的，相反他们还有被查处的危险。”此举有打破医疗“潜规则”的效果，避免了医保资金的浪费。

其次，全面推行基本药物制度。桑植是全省最后一批实施基本药物制度的县，在桑植实施“全报销”的46个乡镇医疗机构里，只能使用505种国家、省规定的基本药物，而这些药物，从出厂到老百姓手上，是完全一致的，否则将被严肃查处，这直接让卫生行业“以药养医”再没有空子可钻。此外，对于医务人员不按规定开药、擅自提高收费标准、重复检查等现象，也将严厉处罚，病人的投诉也被列入对医务人员的绩效考核，被投诉者将被减扣绩效考核待遇。

最后，全面筹措新农合资金。我国的新型农村合作医疗即新农合，是世界上覆盖人数最多的一项保障事业，目前已在全国范围内铺开。而落实到桑植县，因筹资水平已达230元，其参合的34.2万农民，已让主管新农合的卫生局有了7873万元之巨的庞大资金。根据调查，2010年，桑植县乡镇医疗机构住院人数共计15600人，人均住院金额花费为1040元，总额约为1600万元。因此，在翔实地调查之后，桑植县在实施乡镇医院住院“全报销”之前，将7873万新农合资金大致做了三部分的划分：即乡镇医院、县级医院、县外医院就医报销各占一份。这就意味着，实施乡镇医院住院“全报销”后，其至少有2600万的新农合资金保障。这确保了农民“全程免费医疗”的安全和可持续。

桑植是一个可复制的典型样本，关键的问题是，各地领导是否有意愿和魄力去推进这项改革。

(作者单位：福建省福州市《生活创造》杂志社)

农村研究要注重提出新问题

——读《乡镇治理与政府制度化》

■ 周雪光

（《乡镇治理与政府制度化》，赵树凯著，商务印书馆 2011 年 1 月第一版，2012 年 8 月第二版）

在中国社会研究的众多领域中，农村研究这一领域尤其引人注目。在这里聚集着一大批优秀学者，长期从事着脚踏实地、深入细致的研究活动，持续不断地推出优秀的研究作品。在这个群体中，赵树凯以他独特的研究视角、敏锐的观察分析和犀利生动的文笔而独树一帜。赵树凯具有政府工作和研究学者的双重身份，他长期在中央政策研究部门工作，亲身经历了一些农村政策的出台过程，还曾挂职工作在市县政府，熟悉基层党政机构的日常运作。作为三农问题的研究者，政策过程的参与者，基层改革的实践者，赵树凯对基层治理有着深入的、多方位的了解；而且，赵树凯长期关注并汲取国内外学术界的研究成果，以开放的胸襟，博采众长，为我所用，形成自己的思路和见解。本人以为，《乡镇治理与政府制度化》是作者多年来潜心思索、独有心得的集大成者。

如文中所述，《乡镇治理与政府制度化》的素材来自作者在全国各地10省区中20个乡镇的多年实地调研和访谈。虽然这些资料集中在2005年之前，即关于废止农业税的重大农业政策出台之前，但正如作者所注意到的："基层政府的制度环境没有改变，基层政府的行为逻辑也没有改变，政府运行机制并未发生根本变革。故此，在相当时期里，本书所展开的核心论证都将属于中国政府改革的基本议题"（第一页）。全书大致可分为三个部分：导言和第一章把乡镇治理置放在国家制度和学术研究的大背景下，指出乡镇政府位于政府体制、国家与社会关系、三农问题诸类重大领域的重叠交叉之处，并在国内外已有研究基础上提出了自己的分析框架，尤其关注基层政府在制度层面上的困境、缺失和无奈。在随后的各章中（第2~6章），讨论了乡镇政府的组织机构与权力、财政与债务、上下级之间关系等状况、演变、以及面临的困难和挑战。在第三部分（第7、8、9章），作者针对乡镇政府的上述诸种问题，进行了深入的分析和讨论。

《乡镇治理与政府制度化》的一个突出贡献是研究的多方位视角。作者不是孤立地观察讨论乡镇问题，而是把这些现象置放在国家政权结构和治理的宏大视角之中，有意识地从国家政策意图、政府主管部门、乡镇政府官员、农民利益涉及者等不同角度和层次加以审视。例如，在讨论乡镇政府的财政问题等方面，作者有意识地把国家相应政策，乡镇内外交困的状况，乡镇财政的历史演变过程特别是其直接上级县政府的措施做法联系在一起，加以讨论解读。这些讨论不是追求面面俱到，而是在一个有机的过程中追本求源，透视这些问题所暴露出的复杂关联和纠结。毫无疑问，这一视角得益于作者多重身份参与基层政府和三农问题的研究、政策制定以及亲身实践。

《乡镇治理与政府制度化》的另一贡献是提供了宝贵的一手原始资料，特别是基层干部在实际过程中的心态和行为。正如作者所说，作者与许多基层干部在日常工作交往中密切接触，掌握第一手资料，倾听他们的苦闷、无奈，而且记录了他们突破困境的种种努力。如文中所显示的，许多基层干部在他们的日常工作中进行种种尝试以突破现有体制的困境，努力解决新问题，这些努力和尝试正需要学术研究和政策研究所关注和总结。在我看来，基层干部在执行政策过程中的偏离行为体现了在体制约束下的对应策略，而正是这种应变能力使得国家政策在基层得到贯彻落实。与这一领域的其他研究工作相比，本书在这方面资料尤其丰富、多样和生动。文中有着大量实际观察和访谈的田野资料，从财政收支、人员调整，到接待工作和晋升流动，从不同侧面勾画了位于国家政权末梢和国家—社会交接处的基层政府在日常工作中的复杂性，多面性，多变性及其面临的挑战。这对丁记录中国社会大变迁的历史过程，特别是国家建设、国家—社会关系演变过程提供了丰富资料，弥足珍贵。

通观《乡镇治理与政府制度化》，作者对基层政府和三农问题的切肤之感和独到见解贯穿于本书始终，尤其集中于最后三章的分析。作者长期奔走于基层政府和农村，与基层干部有着广泛深入的接触、观察和交谈。这些积累深厚的

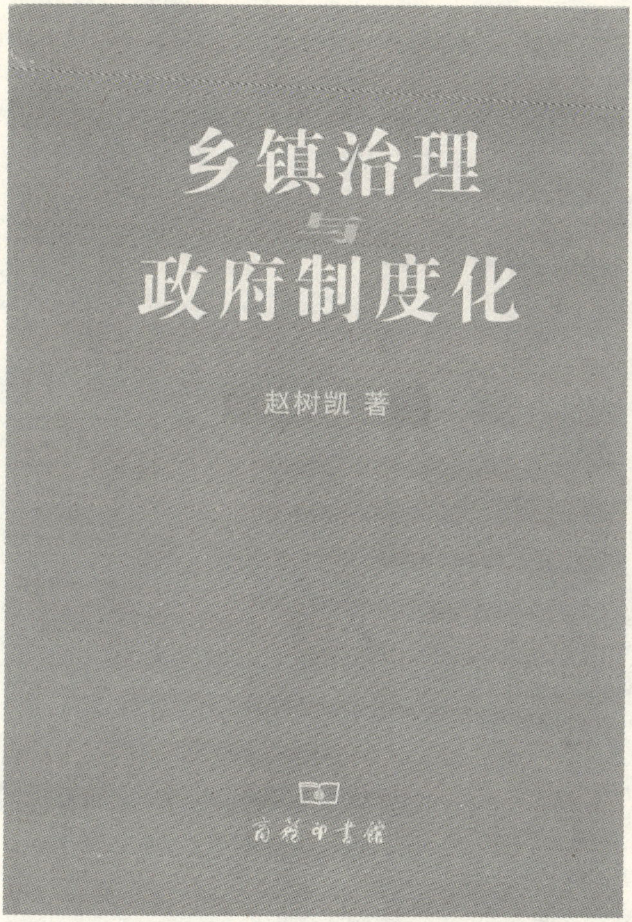

研究底蕴体现在作者的思考分析之中。我特别喜欢第八章提出的“基层政府内卷化”思路，作者从杜赞奇针对20世纪前半期中国基层政权状况提出的政权内卷化思路出发，阐述了近年来基层政府“没有发展的增长”这一内卷化趋势，特别是从“公司化的政府功能”，“碎片化的政府权威”，“运动化的政府行为”诸方面对乡镇政府的状况和行为在制度层面加以解释。虽然这些问题和提法以前也散见于有关研究工作中，但作者在本书中将这些不同的理论思路加以整合，进行深入思考讨论，佐以丰富田野材料，令人耳目一新，大大开拓了这一研究领域的视野和问题意识。

任何组织变革的企图和尝试都应该建筑在对基层运作过程的深刻把握基础之上。《乡镇政府与政府制度化》揭示了多年来乡镇政府的一系列现实困境：权力旁落、机构不力、债务重重，疲于应付，得过且过，目标替代，等等。这些问题进一步映射出改革过程中国家和社会双重建设面临的种种挑战。这些讨论提出了一个更为深刻的议题：为什么许多问题长期持续、重复再现？显然，这些问题行为难于归咎于基层干部的素质、觉悟，或者狭义上的激励设计。作者将目光落实到制度层面，提出政府制度诸方面的问题和改革方向，这的确是很有见地的。作者写道：“在目前阶段，政府究竟如何定位自己，如何使这种定位在政府运作中真正到位，是政府面临的巨大挑战。政府职能转变的基础不是理念，而是体制。说总是容易的，但是政府行为方式并不取决于政治家的理念，而是取决于政府运行机制”（第241页）。这的确是精辟之见！

进而言之，我同意作者的基本判断，即改革多年来，尽管国家的农村政策、各种新的制度措施如村庄选举、村政公开等等不断出台，但“基层政府的制度环境没有改变，基层政府的行动逻辑没有变化，政府运行机制并没有根本变革。”这一观察提出了一个发人深省的问题：一方面，我们看到三十年来农村社会发生了巨大深刻的变化，农民的日常活动已经完全脱离以往的集体化体制，与农业市场经济融合在一起，而村庄选举等一系列制度措施为农村治理注入了新的活力。另一方面，作为国家政权末端的乡镇政府却并没有相应的转型来适应新的社会变化。正如本书所丰富展示的，基层干部大多在自上而下的各种指令、任务、考核、应酬中疲于奔命，无暇也无兴趣关心当地农民的疾苦、问题和今后发展。在国家与农村社会之间发生如此大的断层，是我们必须正视的严峻现实。但是，解决这一断层问题，正如作者所强调的，不是来自于转变理念的呼吁和自上而下的各种规定要求，而是体制上的转变。近年来，随着国家财政资源的强大，出现了强化基层政府职能，以此统管基层社会的趋势。我以为，这是退回旧体制、强化旧体制的做法。在这个趋势中，我们看到的是原有政府支配、政府控制机制的激活和强化，而没有看到新的治理机制的诞生和尝试。我们看到的是，随着国家自上而下注入资源，乡镇政府的功能得以大大强化，但这一体制并没有得到相应变革以适应新的社会变化，仍然在原地踏步，其内在问题并没有真正得到解决，只是在资源富足的条件下被暂时地掩盖起来了。这并不是说，基层政府制度没有变化，各地农村状况差异之大也绝非某一模式所能概括。但如本书所示，体制约束下的基层政府行为的同构性往往超越了各地实际状况的差异性。这一点也与这一领域中大量田野研究相吻合的。

在我看来，一个好的研究并不是解决了所有的问题，而是提出了新的问题、新的思路和分析，从而开拓了新的研究和思考空间。这本书正是这样的一个研究工作。《乡镇治理与政府制度化》描述分析的基层政府状况和困境对今后的制度改革、对政策研究和政策设计都提出了令人深思的问题。回顾多年来学术界在三农领域中的大量活动，学者们倾注了大量的热情和精力，体现在不断涌现的、时常轰轰烈烈的研究工作和实践活动。但是，我们似乎总是在匆忙地向前赶路，迎接新问题，分析新问题——乡镇企业、集体负债、新农村建设，征地失地，急速的城市化过程。我们似乎无暇暂且住脚回顾、反思这些问题、这些行为在不同时间点上的相互关联。应该感谢作者和商务印书馆为我们提供了这本好书，让我们从整体性视角重新审视改革开放以来农村政策和基层政府的演变状况，也给了我们反省这一领域中政策得失和国家—社会建设过程的一个极好机会。

（作者系美国斯坦福大学社会系教授）

编后记

《中国乡村发现》丛书带着泥土的芬芳，于2006年金秋应运而生，以其独特的姿态，立足于“三农”第一线，定位于为“三农”理论者与实践者打造一个“想说就说，想写就写，想看就看”的舞台，构筑一个农村研究“官、学、民”三者互动的平台，提供一个“为基层和农民说话、说基层和农民的话、让基层和农民自己说话”的阵地，成为一个基层干部、普通学者、在校学生以及关注“三农”问题的热心民众传播心声的讲坛。在社会各界的大力支持下，已成为国内研究农村问题、了解农村信息的重要理论读本和参考资料。中农办主任陈锡文、国家税务总局局长肖捷、国务院发展研究中心副主任韩俊等“三农”专家学者和二百多位基层工作者发来了肯定性书面评语，陈锡文、杜鹰、唐仁健、韩俊、温思美、温铁军、李昌平等50位“三农”名家欣然担任学术委员。2012年5月，《中国乡村发现》被评为“湖南省第二届优秀社科普及读物”。

欢迎社会各界来稿。投稿要求：注重实践研究，注重田野调查，注重问题发现；通俗易懂，突出实例和数据，而非教条和空谈；篇幅原则上不得超过3000字（特殊情况不超过4000字）。凡基层干部和农民的来稿优先录用，配发相应图片的稿件优先考虑，与乡村无关或纯理论文章谢绝投稿（文学作品一律谢绝），作者应保证拥有文字和图片著作权。投稿请发电子邮件至本编辑部邮箱：zhgxcfx@163.com，并注明通信地址及作者简介，本丛书电子支撑平台网址：http://www.zgxcfx.com。

《中国乡村发现》编辑部

图书在版编目（CIP）数据

中国乡村发现. 2012·秋之号 / 黄建国，朱有志主编.
—北京：红旗出版社，2012.10

ISBN 978-7-5051-2377-9

Ⅰ. ①中… Ⅱ. ①黄…②朱… Ⅲ. ①农村-社会主义建设-研究-中国 Ⅳ. ①F 320. 3

中国版本图书馆CIP数据核字（2012）第233890号

书　　名：中国乡村发现　　2012·秋之号
主　　编：黄建国　朱有志
执行主编：陈文胜

出 品 人：高海浩　　责任编辑：粟博莉
总 监 制：徐永新　　装帧设计：蔡　琳

出版发行：红旗出版社
地　　址：北京市沙滩北街2号
邮　　编：100727　　编 辑 部：010-64037144
E-mail：hongqi1608@126.com　　发 行 部：010-64024637
欢迎品牌图书项目合作　　项目电话：010-84026619
印　　刷：三河市东方印刷有限公司

开　　本：710毫米×1000毫米　1/16
字　　数：210千字　　印　　张：12.5
版　　次：2012年11月北京第1版　2012年11月河北第1次印刷

ISBN 978-7-5051-2377-9　　定　　价：20.00元